歴史文化ライブラリー

30

宗教社会史の構想

真宗門徒の信仰と生活

有元正雄

吉川弘文館

目次

1

真宗門徒の徳目

青木周蔵の企画

東北本線の列車が栃木県を北にすすみ、ほぼ那須野原を突切ったところに黒磯駅がある。そこから北西に六〜七キロいくと青木開墾につく。明治の外交界で活躍した青木周蔵が、政府から払い下げをうけた那須野原の一部を開墾し、牧場や田畑を作ったところである。

青木周蔵は一八八八年（明治二一）富山県知事に手紙を送り、那須野原開墾に従事するにふさわしい移住者＝小作人を富山県から送ってくれるよう依頼している。その理由として、「関東の人は生来惰弱《だじやく》」でこの人たちを移住人とすることはできない。これに対し「富山県の人民は性質実直で労働を怠らない」のでこの人たちを農場の小作人としたいというのである。青木がこのような認識をもったのは、寛政改革のころから北陸地方の真宗門徒が、人口が減少し、農村荒廃をまねいていた関東北部や東北地方に「入百姓《いりびやくしよう》」として招かれ、荒れた田畑の開発に実績をあげていたのを見聞していたからであろう。とくに栃木県内には働き者の越中門徒が多数移住していたといわれる。

A・フジモリの選挙スローガン

一九九〇年五月、ペルーの大統領選挙が日本の新聞・テレビなどで大きく取扱われた。アルベルト・フジモリという熊本県からの移民二世が立候補していたからである。彼は選挙スローガンとして「正直・勤勉・技術」の三つを掲げ、ペルーの新しい国作りをこれによって実現しようと訴え、見事に当選した。

ちょうどこのころ、わたくしは真宗の宗教社会史に関する最初の論文を発表し、そのなかで真宗門徒の中心的な徳目は、正直・勤勉・節倹・忍耐の四つであるとしていた（拙稿「真宗門徒宗教社会史序説」）。彼の選挙スローガンと正直・勤勉の二つがダブっているので、彼の両親の宗旨を調べてみるとはたせるかな両親とも真宗門徒であった。A・フジモリの父藤森直一は一九二〇年ペルーに移民し、農園の綿摘み労働者として骨身を惜しまず働き、一九三四年嫁をもらいにいったん帰国し、親戚の井元ムツエと結婚して、ふたたびペルーに渡った。フジモリ夫婦は勤勉に働いていたが、太平洋戦争の勃発で敵性国家の移民として財産を没収される。日本の敗戦後、ふたたび頑張って生花業を営み、長女を除き四人の子供を大学に学ばせた。夫婦ともに勤勉であったが、とくに母のムツエが信仰に厚く矻《しっか》り者であり、子供たちに大きな影響を与えたようである。

こうして、移民から七〇年を経た地球の裏側で、化石のように真宗門徒の中心的な徳目が生きており、新しい国作りを目指す大統領の選挙スローガンとなったのである。

真宗と社会経済史との係わり

右にみた二つのエピソードに共通するものは真宗門徒であり、彼らが正直・勤勉・節倹・忍耐などの徳性を身につけ、移住や移民という困難な仕事に打ち勝つことのできるたくましい人間像を形成していたことである。それでは真宗のどのような教義が、どのような仕組で門徒たちを教育し、このような人間像を形成したのであろうか。その人間像の形成と、彼らによる具体的な社会経済活動の特徴とは本文のなかでみよう。

さて、ドイツの社会学者M・ウェーバーは、近代の資本主義が経済的合理主義の勝利のうえに成立するまでは、経済的行為が旧い慣行のうえに行なわれる伝統主義の長い時代が続いたとし、経済史を研究する場合に経済的な利害状況とともに、経済以外の諸要素をも考慮する必要があるという。そして、経済以外の要素として、(イ)宗教的要素、(ロ)政治的要素（勢力への欲求）、(ハ)身分的関心（栄誉をえんとする努力）の三つをあげている。とくにウェーバーは、経済史における宗教の係わりを重視するのである（『一般社会経済史要論』）。

ところが、わが国で、宗教と経済史との係わりといえば、その多くが寺社領荘園の研究であったり、寺社を本所とする座の研究である場合など、概して人々が世俗権力化した宗教団体に保護をあおぐ経済活動の研究であって、ウェーバーのいう、宗教の教義が信者の肉体と精神を通して経済活動に特徴を与えるような、いいかえれば宗教（教義）の経済的社会化ではない。

本書では、真宗という一宗派（わが国では最大の）に限ってではあるが、宗教という文化領域が、主として信者を通して社会経済史にどのような役割をはたすかを具体的に検討し、その具体性のなかからわが国の思想・宗教全体との係わりについても、若干の見通しをうるよう問題をすすめてみたいと思う。

近世真宗の教義

世俗倫理のとりこみ

親鸞は人間を末法の世における徹底した悪人としてとらえ、阿弥陀如来の広大な功徳によってのみ救われるとする仏法至上主義にたち、世俗の倫理を積極的に築こうとはしなかった。そして、そのことが親鸞の晩年において念仏の維持自体の危機となるのである。

王法・仁義為先の宗制

その後、本願寺は親鸞のとった無教会主義と仏法至上主義をすてて、大本願寺教団を作るとともに、「仏法為本・王法為先」の宗制をたて、世俗倫理を築いていく。蓮如は消息(手紙)において「王法(国王・領主の法令)をもておもてとし、内心には他力の信心をふかくたくわえて、世間の仁義をもて本とすべし」という。これは、阿弥陀如来に対する他力の信心とともに、国・地方の支配者に対し、被支配者としての義務を履行し、さらに一般世間の価値基準である仁義をもって日常生活の基準とせよというのである。こうして王法・仁義という世俗の権威と価値への従属を説くことによって、親鸞が説いた厳しいまでの阿弥陀如来の功徳に対する絶対の帰依は、仏法と王法の二つの権威・価値への従属によって相対化される。

孝道論の導入　ここでは本願寺教団が、「百行の本」とする孝の倫理を導入する過程をみよう。

親鸞は『教行信証』において、「菩薩戒経に言《のたま》わく、『出家の人の法は、国王に向いて礼拝せず、父母に向いて礼拝せず、六親に務《つか》えず、鬼神に礼せず』と」記している。仏教の絶対性よりくる出家の高い地位を示したものであろう。また『歎異抄』において大要、「親鸞は父母への孝養として念仏を申したことは一度もない。その理由は、一切の生あるものは長い間に幾度も生れかわるものであり、お互に父母兄弟である。だれもかれもが次の世では仏になって助けてあげるようにしなければならない」という。ここには念仏者は仏となって縁あるものを救うべきで、父母の追善のために念仏を用いるべきでないという広い仏教の人間観と念仏の意義が示されている。

しかし、本願寺教団の創設者たちは親鸞の思想とは異なり、儒教の中心徳目である父母への孝養、父母への報恩をとく。覚如の長子存覚は『報恩記』において次のようにいう。

孝養父母は百行の本なり、内典《ないてん》（仏教教典）にも外典《げてん》（仏教教典以外のもの）にもこれをすすむ、報恩謝徳は衆善のみなもとなり、貴《とお》きも賤きもこれをおもう、生けるときには孝順をさきとして養育の力を励《はげま》し、死せん後には追善を本として報恩の勤をいたすべし。

近世真宗における孝道論

近世にいたると、一七世紀中ごろに西本願寺法主良如は「念仏の行者敬慎すべき法」を示し、そのなかで父母恩・三宝恩・国王恩・衆生恩よりなる四恩を忘れるなとしている。また、民間では近世前期に活躍した東本願寺派の僧浅井了意は『勧信義談抄』などにおいて、忠孝を説き、とくに孝に重点をおいている。この浅井了意における「孝道論」については、真宗史家柏原祐泉も「あきらかに非親鸞的展開を示している」と認めるところである（「浅井了意の教化思想」）。

近世末期になると孝道論はさらに強くなる。徳竜の『五倫弁義記』は種々の徳行を記したのち、「凡《およそ》我身に行なう善きことみな孝ならずと言うことなく、口に言うこと身に行なうこと一切の悪きことはみな不孝の咎《とが》となる」といい、「百行は孝に帰す」と結論している。また真宗篤信者の伝記を編集した『妙好人伝《みょうこうにんでん》』には、存覚の『報恩記』における記事を祖述し、最後に、「また蓮如上人は父母の恵を仇に思うなよ、弥陀頼む身を育て給えばと御詠じあらせられて、多生曠劫《こうごう》迷ううちに幾百億の身を受しかども、弥陀頼む身を育てられしは此度の親許《ばかり》なりと思わば、愈々《いよいよ》孝道を尽すべきものなり」と結んでいる。そして「人の行ない色々あれど孝の一にしくはなし、教え守りて孝行すれば我子見習いまた孝ぞ……」という「孝行粉引《こなひき》歌」をのせている。

親鸞教と近世真宗の孝

一般に親鸞の思想においては、恩として積極的に肯定すべきものは仏恩と師恩であって、父母の恩はこれらとは次元を異にし、積極的に否定しないまでも、これを積極的に肯定するものではない。宿業とはいえ、人間を徹底した悪人としてとらえる親鸞にとって、その父母の恩が次元の高いものとしてとらえられるはずはない。父母の恩を高い次元のものとしてとらえるのは東洋の伝統的思想、とくに儒教において顕著であるが、これは人間が修養によって無限に完成しうる可能性をもった器であるという思想にたっており、親鸞の人間の本質を悪人とみる思想と対極的である。したがって儒教においては、このような器を生育した父母の恩は偉大であり、その報恩として孝養をつくし、さらに家の存続を図り祖先の祭祀を行なうことは、同じ次元のものであり、人倫第一の務めであった。したがってまた、このような可能性をもった器たる自己の身体を毀傷《きしょう》せざるは孝の初めであり、この器を完成させ名を揚げて父母を顕わすのは孝の終でもあったのである。

日本の封建権力は家の存続を願としており、封建農民もまた彼らの成長とともに次第に家の持続を考えるようになり、近世においては父母への報恩は普遍的な道徳思想となった。こうした状況の下で、世間一般の価値基準である仁義をもって日常生活の基準とする真宗が孝行を奨励したのは当然である。

通俗道徳の教化手段

以上は、近世真宗がすすめる世俗道徳の一例を父母への報恩を中心に具体的にみたものである。近世真宗が門徒にすすめる徳目は、孝行以外に正直・節倹・勤勉・和合・知足・殺生忌避などじつに多様である。そしてこれらは幕藩体制下に共同体を維持し、家の存続と発展を願う民衆たちの日常的な生活規範となっており、その意味で門徒たちの通俗道徳と呼ぶことができる。

このような通俗道徳の教化は、きわめて多様な形態と手段で行なわれている。歴代法主の消息や各種の談義本の類を題材として行なわれる末寺・道場・講などにおける法話などのはたす役割は重要であるが、それらとともに僧侶の作とされる節談説教《ふしだんせっきょう》・盆踊唄・各種作業唄・童幼たちのための数え唄などの広義の教義的要素も、民衆が折りにふれて口遊《くちずさ》み、そこに謳われる諸徳目を生活規範として取り入れ深めることにおいてきわめて重要であった。いま一例として、『妙好人伝』におさめられた「掟こころえ歌」の一節を示す。

地頭領主《じとうりょうしゅ》の　恩《おん》を知《し》り　家業大事《かぎょうだいじ》と　働《はたら》きて　無益《むやく》の奢《おご》り　嗜《たしなみ》て　年貢所当《ねんぐしょとう》を　具《つぶさ》
にし　只仮初《ただかりそめ》の　遊《あそび》にも　不実《ふじつ》なものに　交《まじわ》りて　勝負毎《しょうぶごと》をば　致《いた》すなよ　大取《おおどり》す
るより　小取《こどり》せよ　稼《かせ》ぐに追《おい》つく　貧乏《びんぼう》なし　只《ただ》師《し》と親を　敬《うやま》いて　先祖《せんぞ》の恩を　思《おもい》
知《し》り　夫婦《ふうふ》兄弟《きょうだい》　睦《むつま》じく　有縁無縁《うえんむえん》の　人々《ひとびと》に　詞《ことば》をかけて　愛《あい》すべし　一季半季《いっきはんき》
の　下僕《しもべ》まで　不便《ふびん》をかけて　使《つかう》べし
ものゝ　命《いのち》を　取《とら》ぬよう　私欲《しよく》に耽《ふけ》り　嘘云《うそいい》て　人《ひと》の眼《まなこ》を　掠《かす》むるな　天知《てんし》る地知《ちし》る
我知《われしる》ぞ　邪《よこしま》な不義《ふぎ》　働《はたら》きて　人《ひと》の嘲《あざけ》り　受《うけ》ぬよう　酒《さけ》を飲《のむ》とも　飲《のま》るゝな
身《み》に徳《とく》もなく　美服《びふく》して　栄養《えいよう》を好《この》み　食物《しょくもつ》の　不足《ふそく》を語《かた》る　其《その》ものを　国賊《こくぞく》とこ
そ　申《もう》すなれ　只世《ただよ》の中《なか》は　上《うえ》を見ず　笠《かさ》きてくらせ　我《わが》こゝろ　吝嗇《りんしょく》ならぬ　倹《けん》
約《やく》し　堪忍《かんにん》すれば　こと足《たり》ぬ　足《たる》に任《まか》せて　こと足《たら》ず　足《たる》でことたる　身《み》は安《やす》し　信《しん》
の上《うえ》より　身《み》を軽《かろ》く　仏《ほとけ》の恩《おん》を　重《おもく》して　箸《はし》より落《おつ》る　雫《しずく》まで　押頂《おしいただ》いて　飲《のみ》たま
え　返々《かえすえがす》も　親《おや》に孝《こう》　主《しゅ》に忠義《ちゅうぎ》を　尽《つく》すべし

ここでは、じつにさまざまな徳目が簡潔ななかにも具体的に示されている。すなわち、家業奨励・王法遵守《じゅんしゅ》・恩と慈愛・殺生忌避・正直・倹約と知足などなどである。

他力と自力の統合

通俗道徳の要約
——善と悪と——

真宗門徒の生活規範となる諸徳目は、上記の「掟こころえ歌」にみたように、じつに多様である。しかし、これを要約すれば、諸徳目を実践し善心・善行におもむくか、諸徳目に背いて悪心・悪行におもむくかの二つとなる。以下にあげる史料はいずれも悪心・悪行を止め、善心・善行におもむくよう命じている。ただその理由・根拠についてははなはだ多様である。

(a)悪事はすくなくも速やかにすつべし。……これ王法をまもるのおしえなり。

ここでは悪事の放棄は王法を遵守《じゅんしゅ》するためとしている。

(b)或はよからざるふるまいもそうらわば、すみやかに改悔懺悔《ざんげ》をいたすべし、然る時は、来集の人々のなかにも、まことに心あらむ輩は、此廻心悔懺《かいざん》をきて、げにもと思いて、同じく日頃の悪心をひるがえし、善心におもむき、又は不法懈怠《けたい》の人も、先非を悔て信心決定し、ひとしく一味の安心に住すべきなり、……されば、かように心得てのうえには、極悪最下の我人を、ふかくあわれみましますす弥陀弘誓《ぐぜい》の広大なることをよろこび奉りて、ますます知恩報徳のこころざしをはげまし、当流真実の安心の次第をすみやかに決定すべきものなり。

ここでは「日頃の悪心をひるがえし、善心におもむ」くことが要請されるが、その理由は「知恩報徳」のためという。

(c)問　わるきことをつつしむがよく候や、つつしまんとするは自力と申す人の候はいかん。答　悪をつつしむのことは申すに及ばぬことにて候。仏法未入の人なりと言えども、悪事は許すべからず。もしつつしまざれば現に王法禁獄あり。これ眼前知る処にあらずや。世法すらかくの如し。況《いわん》や仏法をや。三世恒沙《こうしゃ》（きわめて数の多い）の如来、いずれか悪事を好み、善事をきらいたまう仏あらんや。其仏子（仏の教えを信ずる人）となれるもの、いかでか悪事をつつしまざらんや。されば五逆も十悪（の輩）も、本願を信じて称《とな》うれば、往生すると了解しおわんぬる後は、随分露ばかりの悪もおかさぬようとつつしむが、殊勝の事に候。

ここでは「悪をつつしむ」理由を、「仏法未入の人」は世法において「王法禁獄」があり、仏法上は、「三世恒沙の如来、いずれか悪事を好み、善事をきらいたまう仏あらんや」とする。そして、仏子となれば「露ばかりの悪もおかさぬようとつつしむ」必要をのべる。

(d)一　つみは五逆もなお〔浄土に〕生ずと信じて、小罪をもおかすべからずと思うべし。

一　弥陀の本願にはいかなるものもたすかるといいて、悪心悪業なるこころあるべからず。すこしもこころのゆがみたるひとは極楽へまいること不可なり。一定《いちじょう》地獄のつもりたるべし。いよいよなおさるべきこと肝要なり。

ここでは「悪心悪業」の心、心の曲った人は「極楽へまいること不可なり、一定地獄のつもりたるべし」と宣言する。

悪を認識する座標軸の変化

以上四つの史料をあげて検討したが、これによっても次の二つの点が指摘できる。

一つは、親鸞教と近世真宗とでは悪を認識する座標軸が大きく変化している点である。とくに人間と悪との関係についての認識の仕方が異なるのである。というのは、親鸞においては悪は人間の意志を越えるもの、人間の宿業としてとらえられ、そのために阿弥陀如来に人間の善悪を越えた救済を仰いだのである。弥陀の広大な智恵と功徳のまえには人間の宿業的な善と悪とは相対化され、「よろずのこと、みなもて、そらごとたわごと」であった。したがって「善悪のふたつ、宿因（前世の因縁）のはからいとして現果（現在の結果）を感ずるところなり、しかれば全く往生においては善もたすけとならず、悪もさわりとならずということ、これをもて准知すべし」とされる。ここでは、悪は弥陀の慈悲と功徳を尺度として認識された宿業的・宗教的悪であった。

しかし、近世における真宗教団の悪についての認識は異なっていた。そこでは王法上の悪をとりこみ、同化し、悪は人間の意志の制御下にある「なおさるべき」ものに属し、直さざれば一定地獄が宣言されるのである。そして、幕藩支配者の民衆教化のための価値・規範を尺度とする世俗的・道徳的な悪にとじこめられ、「いずれか悪事を好み、善事をきらいたまう仏あらんや」とし、人間の善と悪とを相対化する余地はなくなっているのである。

このように、近世真宗は悪を慎しむことを要求するが、しかし、それによって人間の心霊が永遠に救われるのであれば、親鸞が人間性の全面的否定のうえにたち、弥陀の功徳のなかに再発見した、あの苦悩にみちた真宗教義の形成は、しょせんは無駄なものだったというほかはあるまい。

王法と結合した教義

二つめは、前にみたように悪事の放棄は、王法を守るためとわり切るもの(a)、知恩報徳とするもの(b)、仏は悪事を嫌うからとするもの(c)、悪事を行なえば地獄に行くからとするもの(d)、などじつに多様であり、一見むしろ混乱にみちた、無原則なものであるようにみえる。しかし、これらは無原則なものではなく、王法と仏法の結合した近世真宗の教義における悪の排除に関する理由の諸側面をのべたものである。

さて、徳川幕府は四代将軍家綱襲封の際より代々の将軍代替りごとに、東西両本願寺とその末寺に、そして東本願寺派では一〇代家治のときより門徒にも誓詞を提出させている（青木忠夫「将軍代替りにおける真宗教団の誓詞について」）。それは、他宗派と異なり家を中心とした組織であり、東西両派に分割されたとはいえなお巨大な教団であること、そして末寺―門徒レベルで宗教的エネルギーを持続しているためと思われる。幕府は将軍代替誓詞を通して公儀（幕府）―本山―末寺―門徒の順序で仏法と王法に従属させ、巨大な宗教的エネルギーを収斂《しゅうれん》しようとしたものと考えられる。

将軍代替誓詞の文言は、ともに三か条よりなり、東西両派によって若干の違いはあるが、基本点は同一である。そこでは(イ)公儀を軽々しく考えぬこと、(ロ)公儀に対し不義をしないこと、(ハ)御本寺の下知に従うこと、の三点が誓詞の主旨となっている。とくに第二条において公儀に不義を働くものが、坊主・知音《ちいん》・檀家・門徒であっても与《く》みせず、これを幕府に報告するとしている点が重要であろう。そしてこれらに違背すれば、「忽《たちま》ち如来の本願に洩《も》れ、別して祖師の冥罰《みょうばつ》を蒙《こおむ》」り、永く地獄に堕在するとしているのである。

記された誓詞の項目は、形式上は世俗の事項であり、真宗の教義が直接書かれているわけではない。にもかかわらず違犯すれば、永く地獄に堕つべきものとしている。真宗の僧侶・門徒が教義に直接違犯すれば地獄堕在が行なわれることもうなずけるが、形式上世俗の事項とみられることに違犯して、なぜ地獄堕在の止むをえぬことを本山に誓約しなければならないのか。ここでは一見して王法・世俗の事項と思われることが、前にみたように世俗倫理を教義の中にとりこんでいるため、「掟（仁義）」と「教義（仏法）」との峻別が不可能であり、両者の結合した「教義」となっているのである。そのため違犯者は教義の違犯者として処理され、本願寺法主がもつ救済の授与が拒否され、したがって地獄堕在となるのである。将軍代替誓詞の文言は、別の面から近世真宗における教義が仏法と王法の統合のうえに成立していることを示している。

幕藩権力の真宗認識

九州征服の途上で豊臣秀吉はバテレンの追放とキリシタン禁令を発する。秀吉はその文中で、かつて一向宗が国郡に寺内をたて、給人に渡すべき年貢を一向宗坊主に送り「天下のさわりに成」ったことを非難し、いままたキリシタン教会が、かつての一向宗寺内的性格をもつことを心配して、追放・禁令の理由としている。そして秀吉は一向一揆の鎮圧以後は、本願寺門徒に全国津々浦々に寺を建てさせているが、それはかつての寺内的性格をもつものではないからだという（海老沢有道「切支丹禁因の再吟味――天正禁令について――」）。

降って、加賀藩第三代藩主前田利常の言行をとどめた「異本微妙公夜話」には大要次のような文を載せる。

> 伊藤内膳《ないぜん》が検地奉行をしていたとき、村々に一向宗の寺院がありこれに境内を無税地として与えているが、これらを取上げ地子《じし》（屋敷税）を徴収すれば大分の銀が藩の収入になると利常侯に申上げた。ところが利常侯は、内膳合点《がてん》せぬか、国の仕置き（裁判＝民政）は大分門跡《もんぜき》（本願寺法主）がしている、我等の仕置きは少分のことである、

一向宗が重宝重宝と申された。

また、熊本藩の宝暦改革を推進していた堀平太左衛門は、「人民正直に帰し候様にとの政道」をとり行なっているが、真宗が「国政に障《さわ》」りとなることを心配していたという。そこで城下の西本願寺派触頭《ふれがしら》（本願寺と末寺との連絡にあたる地位）をつとめる順正寺は、身命を惜まず真宗の宗意を説明し、真宗の法義が熊本藩で繁昌するよう懸合ったところ、さすがは賢臣で真宗の正意を理解し、誠の正法を弘めれば「国政上助となると見込」まれ、邪を退け正を勧めるようにと仰せられた。そこで配下寺院に熊本藩の政治向を考えたうえで、門徒の心得・勧化の心得の趣旨をか条書として渡したとのべている。

かつて封建支配者が一向一揆時代の真宗を「天下のさわりに成」ったと批判したが、一向一揆の解体→幕藩体制の確立後は「国の仕置きは大分門跡がしている」とし、「一向宗が重宝重宝」とか、「国政上助となると見込」んだとかいわれているのである。これらのことからいままでみてきたように、近世真宗が、仏法と王法の相資（相互の補完）によって成立しており、世俗道徳をとりこんだ教義を確立し、もって幕藩権力の要請する民衆教化を実践していたことが理解されるであろう。

事実、越前国大野藩は一八五八年（安政五）領内寺院への布達において次のようにいう。

一、寺院の内に法談の節、仏法・王法は車の両輪、鳥の両翼の如く、一方欠けては往生は相成りがたき旨の諭《さとし》これあり候、右は誠にもっとも至極の諭方に候……。

右にみるように、真宗門徒優越地域の領主権力は、真宗の教義が仏法と王法の相資の関係にあり、「一方欠けては往生は相成りがたき旨」を教諭していると認識していたのである。一向一揆解体後も莫大な真宗寺院が全国津々浦々に存在することが許されたのはこのためであった。

他力と自力の統合

かつて鈴木大拙は、その著『真宗管見』において真宗の理念を説いたあとで、その「現状」について次のようにいう。

> 併し現実の上に立つている吾等はすべて歴史的存在であつて、過去を離れて生息することができないし、また事実現在なるものは過去なくしては何等の意味をもなさないものであるから、真宗も亦、その歴史、その環境、即ちその業を免かれるわけには行かない。それで、真宗の現状は旧仏教と純粋俗人宗教との混成物である。真宗は他力を教えるが、半ば自力を行ずる、――この事は実際の立場から云うと已むを得ない事である。

筆者も鈴木大拙に学びながら近世真宗における教義の本質について次のように考えたい。

すなわち、近世においては親鸞の示した弥陀による絶対救済は理念として背後に退き、具体的現実的には悪の代償としての地獄、善への報償としての極楽を提示し、他力と自力の相互補完のうえに、近世真宗教義は再構築されたのであると。近世真宗はこのように変質し、他力と自力の統合のうえに再構成された。それは真宗本来の精神からいえば、弥陀と悪人である人間との絶対召命の関係の薄れることであり、教義的には後退というべきであろう。しかし、真宗の教義的後退を伴う親鸞教の近世真宗への変質＝再構成のなかから、歴史の皮肉というべきか、歴史は親鸞教にみられない新しい人間像を用意する。

鈴木大拙はいう。「自力宗と他力宗を分つ本質的なものは禁欲生活の有無である」と。親鸞は狩猟や漁撈などをもふくめ生業としての職業活動をそのまま肯定したが、それを積極的に評価したものではない。また「馬の口入（売買の仲介）、人の口入れ」や虚妄な商《あきない》による営利行為を排除したが、それは念仏者によるこのような行為が念仏禁止に連なるからであって、その結果を倫理的善として積極的に評価したわけではない。

しかし、他力と自力の統合物である近世真宗においては事情は異なる。各種の教義類と生活に深く浸透した節談説教《ふしだんせつきょう》・口説《くどき》類などの教義的要素が説く通俗道徳は、門徒たちの血肉となりエートス（徳目などを頭の中で知っているだけでなく、自然に行動に移すような気風・気質となっていること）と化していく。そして近世真宗の強制力となった善の報償としての極楽、悪の代償としての地獄の二者択一の力は門徒たちをかりたてて、近世期のどの思想・宗教団体の構成員よりもひときわ激しく彼らを禁欲の行者と化したのである。ただ、このようにして形成された門徒の人間像が、近代社会の形成の担い手に真にふさわしい市民的性格を保持していたか否かについては、ここでは問わないこととしよう。

門徒をかりたてる宗教心理

西欧宗教改革によって成立したプロテスタンティズムにおいては、予定説によって人は救われるか救われざるか永遠の昔より神によって定められているという。したがって、信徒が神の栄光を顕わすために禁欲のエートスをもって職業に精進し、神の世界創りに奉仕することは、理念的・原理的には不必要なこと、無効なことといえる。しかし、カルビンの後継者たち＝カルビニズムにおいては、その無効なことに立ち向い、その行為を通して救いへの主観的確信をうるという。そこに「資本主義の精神」が開花したとウェーバーはいう（『プロテスタンティズムの倫理と資本主義の精神』）。

真宗においても、親鸞教においては不必要なこと、無効なことである世俗倫理が取り入れられる。彼岸における救済を熱望する門徒は、弥陀の広大な功徳（回向）に帰命するとともに、世俗倫理を実践し、門徒が主観的にイメージする如来好みの人間像に自己改造をはかる。それは絶対者に帰依する者の宗教心理であり、敬虔《けいけん》がもたらす行為といえよう。たとえば、蓮如時代の妙好人《みょうこうにん》（真宗の篤信者）越中国五箇山の赤尾道宗は弥陀の広大な功徳に謝する意味で四八本の薪（弥陀の四八願をあらわす）の上に臥せ就寝したという（道宗の臥薪像）。彼の行為は真宗の理念上からは無効であり、不必要なことであるが、篤信者の敬虔な行為として一般門徒の模範となり、崇拝の対象となっているのである。

以上みたように救済への不安から、プロテスタントにおいて「原罪」→倫理化がなされ、真宗門徒において「悪人」→倫理化がなされる。倫理化された信者の社会経済活動や職業行為が独自の特徴をもつことは当然であろう。そこに、宗教の教義が信者の肉体と精神を通して社会経済史の要因となるモメントがある。次章では真宗門徒における具体的な信仰と倫理についてみよう。

門徒の信仰と倫理

門徒の信仰

真宗信仰と仏・神・天

篤信的な真宗門徒が家訓・遺言・道場掟などに、本来的な阿弥陀如来信仰とともに仏・神・天などの崇拝をのべている。

(a)仏神様御大切に信仰仕《つかま》る一大事なり、後生願い奉るべき事。

(b)天道におそれ如来様をおがみ仏壇をきれいにいたすべし。

これらでは、「後生願い奉る」ことや「如来様をおが」む真宗本来の信仰とともに、「仏神様」や「天道」の崇拝が謳われている。蓮如は神を仏の方便＝垂迹《すいじゃく》としてとらえ、「とりわけ神をあがめねども、ただ弥陀一仏をたのむうちに、みな一切の神はことごとくこもれる」という。しかし近世の真宗門徒の多くは、阿弥陀如来と宗教的機能を異にする伝統的な諸仏・神・天を並存して信仰・崇拝している。その場合、仏・神・天などがそれぞれ異次元の崇拝物でなく、人知ではかり知ることのできぬ超越的な力をもつもの一般への畏敬的崇拝としてであり、特殊神仏に特定の目的をもった現世利益を求めるものではなく、現世の冥慮・加護一般を求めたものと思われる。

この点、越前国の豪農田中甚助が「我はこれ如来を願い奉り、西方の極楽浄土の往生を遂げ候」とし、「仏法を能々《よくよく》手次の寺にて聞届、仏のおしえ法度に背き申さざる様に」と子孫に教えるとともに、また「第一御伊勢御神様うやまい申すべく候、是大事に候」と記している場合も同様であろう。また真宗篤信地帯でも土産神《うぶすな》の崇拝は、地域による厚薄の差はあれ一般的に行なわれていたこととも通ずるものといえよう。

民衆と真宗信仰の親和力

それでは真宗信仰と民衆を結びつけたものはなにか。それは真宗の教導者によって、民衆自身が地獄に堕つべき悪人であり、阿弥陀如来の救済によってのみ後世を願うことができると知らされていたからである。真宗禁制下にある薩摩藩甑島《こしきじま》のかくれ念仏信者の史料は次のようにいう。

我等すでに五濁流季《ごじょくりゅうき》の世に生を辺鄙《へんぴ》の海島にうけ鱗《りん》を漁《すなどり》て一生の業とす、其障《さわ》り何《いず》れの地よりも深く其罪何れの人よりも重く、殊《こと》に愚痴《ぐち》あつくおおうて三学《さんがく》の名をだにも知らず、又悪業きわまりなくして六道の〔迷を離れるの〕望みをたてり。若《も》し此の他力易往《いおう》の本願に遇《あ》い奉らずば必らず（ママ）無限獄火の底に沈みて無量永劫《むりょうえいごう》の出期なかるべし。

ここでは漁業を営む島民にとって、殺生よりくる罪障の深重さをのべ、厳しいまでの悪人の自覚が示されており、これが禁制下における長期の信仰持続の源泉であったといえよう。

幕末・明治初年における尾張国の豪農原稲城は彼の行状録に次のように記している。

娑婆《しゃば》の勧善懲悪も造悪不善の我等ならば、死苦の難に覆《おおわ》れて永く成仏せず、必ず無限に堕《お》つるの札付なれば迚《とて》もかくても一言の返答さえもできばこそ、娑婆で造りし罪咎《つみとが》の報来りて後悔《こうかい》の泪《なみだ》に打沈むばかりなれ、ここに一つの歓《よろこ》びというは、仏法繁昌の世の中に生れ善知識の御化導《ごけどう》に逢いたてまつり、得がたき信心を獲得して浄土の往生は疑いなし、娑婆の因縁つき次第目出度報土《ほうど》往生をとげ、無上覚《むじょうかく》の悟りを開く有り難さ、重畳《ちょうじょう》の世々の労事に煩苦《はんく》を免れ、楽しみ尽如《きわまる》の果報をえ、此の折の嬉しき事ぞなかりけり。

彼は庄屋を勤め国学の教養をもつインテリであったが、酒癖と病気のはてに弥陀信仰にたどりつくのである。ここでは「造悪不善」「死苦の難に覆れて永く成仏せず」「必ず無間に堕る札付」「娑婆で造りし罪咎の報来りて後悔の泪に打沈むばかり」とか、厳しいまでに自己の悪人であることを凝視し、「報土往生」の喜びと対比している。

以上にみたように、信奉者の徹底した悪人の自覚と、弥陀他力の易行《いぎょう》とが民衆を救いうる唯一の方法であるという認識が、世俗の営為に苦闘している民衆と真宗とを結合させた最大の親和力であり、これがまたわが国最大の仏教宗派を形成し、永く宗教的エネルギーを保持させた最大の理由といえよう。

手次寺・僧侶との関係

次に具体的に、信仰の媒介となる手次寺《てつぎてら》（真宗における旦那寺）・僧侶との関係についてみよう。

能登国の肝煎《きもいり》西屋久左衛門は、先祖以来の家法をまとめた定書の一か条に大要次のようにいう。すなわち、手次寺の師匠とは過現未三世の契とし、寺定法通り旦那としての西屋に相応な勤めが要求されるとする。また、作物・初穂などを相応に上げることはもちろん、夫婦ともに日常倹約貯蓄して進物し、世帯に差閊《さしつか》えぬようにすること、他の寺や諸勧進《かんじん》への進物を少なくし、旦那寺には相応に進めることをのべる。そして師匠との右のような関係は現世の表面上のことであって、もっと重要なことは、邪宗でないかどうか「死骸見届人に似たる」ものであり、未来は「永劫《えいごう》の安楽浄土」への御導師様であるとし、粗略なきよう要請している。

しかし、旦那寺との関係が右にみたような理念的な関係から離れてきた場合、どのように対処するか、篤信的な門徒にとっては重要な問題であろう。越後国新潟町で魚問屋を営んでいた片桐三九郎は遺言書で次のようにいう。

一、旦那寺の御坊たち、たとえ何程の不埒《ふらち》なりともそれをば決して申さざる事、只今自分の勤むべきほど勤め居る事に候、故は御坊も凡夫なり。

ここでは、旦那寺との関係につき、御坊たちに不埒があってもそれについては言立《ことだて》せず、片桐家の身分・地位にふさわしい勤めをすることを諭し、その理由として「御坊も凡夫なり」と冷静な見方を示している。

また、加賀国の豪農織田利右衛門は、家訓で大要次のようにいう。すなわち、近来一般民衆が贔屓《ひいき》の僧侶を作っているが、これは仏法を自分の判断によって選ぶことになり間違いである。僧侶の勧める法に異法さえなければ僧を誹《そし》ることは間違いであり、贔屓の僧を作ることなくいずれの僧へも帰依すること、「坊主悪《あ》しとて勧めたまう法に難をいうは、必ず必ず誤りなり」と。

片桐家も織田家も仏法における正法と異法の区別をするのみで、仏法と僧侶個人の倫理性とを別ものとし、そのことによって信仰の永続化をはかっていたといえよう。一般的に幕末期には僧侶の堕落が語られ、とくに近畿門徒地帯を中心に、門徒の手次寺への不帰依《ふきえ》が多発するなかで、篤信地帯の門徒は、現実に「不埒」なる僧や、「坊主悪しとて」も「永却の安楽浄土〔に導く〕御導師様」として、仏法の正邪のみを考え、僧侶を教団制度のなかにおける信仰伝授の機関として崇拝していたのである。

信仰と世俗の営為

次に堅固な信仰をもつ者の世俗の営為に対する態度をみよう。

さきにみた新潟町の魚問屋片桐三九郎の遺言では四か条にわたり大要次のようにいう。すなわち、(イ)後生《ごしょう》の一大事のうちでも「大事《ごと》は」、「坊様に何人も何人も、幾度も幾度も厚く深く聢《しか》と相尋《たず》ねて安堵《あんど》いたし置べし」と、ほぼ同じ意味の言葉をくりかえしのべている。そしてそれを「一息　滞《とどこお》れば地獄と極楽の相違、万劫億劫《まんごうおくごう》とも返えらず」とし、信仰についての油断を戒める。しかもそれも生きている間のこと、健康である間のこととして、後生のことこそ人間の最も必要なかつ油断の許されぬ緊要のこととしている。(ロ)ついで仏教とくに浄土教の根幹にかかわる地獄・極楽がないという者を「有無の外道《げどう》」とし、これに近寄ることを禁ずる。(ハ)そして真宗の神髄は「只一念帰命なり」

とし、弥陀への絶対の帰依を説いている。㈡さらに領解文《りょうげ》を掲げたのち、ふたたび信仰について坊様にくりかえして聞き、信心決定のうえは王法を遵守《じゅんしゅ》して世を過すことが肝要であると彼の心境をのべ、子孫に伝えている。そして真宗の信仰、家業全般への心得、日常処世への心得など長々と書きつらねた最後に、次のように記して遺書を結んでいる。

此世の大事は商《あきな》いなれども、全く此欲界へ生を受来る事は、六道の悪所の迷いを離れて、未来仏果を求るの一つにつき、たとえば此世にて毎日商いし、衣服を着、食を求め、世間の付合い、家内の交りも、皆命終の時は捨て行かねばならぬ事は、能《よ》く人の見知る所なり、然《しから》ば臨終に至り一つの息切れる時、誠の大事と成るは何ものぞ、只々後世を願うより外はなし、よって各々念仏六字の謂を能々《よくよく》聞て安堵すべし。

彼はここで、家業などの「此世の大事」と、後世を願う「誠の大事」とを対比しつつ、人間に生れた者の宿命として、「六道の悪所の迷いを離れて、未来仏果を求むる」一点を窮極の目的とし、そのための念仏の意義を示すのである。遺書に記された家業や処世の心得の数々が以上にみた信仰心に収斂《しゅうれん》され、世俗の営為をふまえた念仏者の具体的な人間像を示しているのである。

また越前国の漆商人で、真宗篤信者である上坂忠七郎は、毎年晩春に漆の掻《か》き子を連れて北関東におもむき、冬になって国元に帰ってくる。その間、たびたび手紙を留守家族らに送り国元の商業についての指示や妻子への信仰について語る。彼は次のようにいう。忠七郎は念仏によって極楽に参ることに感謝し日々を送っているとし、「御念仏しているたびに、死んでいるから改めて死ぬ案じごといらず」と。そしてその理由として「御念仏様の出るたびに助けられているから」という。このことは、悪人忠七郎は念仏のたびに弥陀によって救われ、極楽に行っているのと同様であるという意味であろう。彼は念仏によって生死を超脱した心境に達している。その彼が「売用も仏法さえもかわることとなし、此義深く御勘考くださるべく候、商人の売り先、買い先はまた舟のごとし」という。文中の「舟」とは一つの舟に乗った一蓮托生の意味であろう。商内《あきない》も仏法も相手を信頼することで同様のものとみ、商人の売り先、買い先を一蓮托生とみる意味であろう。ここでも世俗の営為が念仏信仰によって導かれている。

信仰確立の困難性

親鸞は「信心をうればすなわち往生す」といい、往生は一念発起の瞬間にきまり、その人は正定聚《しょうじょうしゅう》の位につき「諸仏にひとしき」ものという。たしかに『妙好人伝』に載せられた者たちの多くが、そうした心境にあることは事実であろう。また、さきにみた越前国の豪農田中甚助が「我はこれ如来を頼み奉り、西方の極楽浄土に往生をとげ候」といい切り、さらに越前国の漆商上坂忠七郎が念仏によって生死を超脱している姿をみることができる。

しかし、以上のようにみても、多数の門徒が真実に信心決定して絶対安心の境地に住するまでには、いくたの試行や試練が必要であろう。『石川県史』「土俗」の章において、報恩講における様子として「殊に熱心なるものにありては、僧侶と膝を交えて安心に関する平生の工夫を披歴《ひれき》し、又は疑義を質して論戦するものあり。その盛況言語に絶すという」とし、また御座《ござ》において、僧侶に「平素の信仰を述べて批判を求め、正しく安心立命の境に達したることを保証せらるるときは非常の誇となす」と記しているのは、一般門徒にとって問題がそれほど簡単でないことを示している。

鳥取県の足利源左は、幕末から近代にかけて紙漉《かみすき》を業とする農民であった。その彼が親の遺言によって信仰に入るが、「聞けば聞くほどむつかしゅうてなあ、寝ても起きてもむつかしゅうて分らんだいなあ。易い道とは教えて下さるが、何んで易かろうがやあ……」とのべている。そして永い求法の後に回心を経験する（柏原祐泉『近世庶民仏教の研究』）。またさきにみた新潟町の魚問屋片桐三九郎が、後生の一大事につき何人もの坊様にくりかえしたしかめ「一息滞れば地獄と極楽の相違、万劫億劫とも返えらず」としたのは、こうした真宗の易行といわれるものとは裏腹にある信仰確立の困難さと、その過程における不安を示しているのではあるまいか。

さらに以上のことと、前記の片桐三九郎や織田利右衛門にみたように、仏法における正法と異法との区別をするのみで、仏法と僧侶個人の倫理性とを別ものとみ、僧侶を信仰伝授の機関としてとらえている姿勢とを重ねるとき、信仰が教団の機構という制度を通してなされ、かならずしも真の信仰者という人間を通して行なわれていないように思われる。そして多数の門徒個々人の信仰が、弥陀の広大な功徳に対する絶対の帰依という真に内面的な体験を媒介として確信にいたっているかどうか、にも疑問がもたれる。

この点、讃岐国の妙好人（真宗の篤信者）庄松が、興正寺本山で御剃髪《おかみそり》をうけたとき、「善知識（法主）の御法衣の袖をひきとめ、『アニキ覚悟はよいか』と申した」。法主の詰問をうけて「赤い衣を着ていても、赤い衣で地獄のがれることならぬで、後生の覚悟はよいかと思うて言うた」というエピソードがある。「赤い衣」に象徴される教団の機構と制度に依拠する法主に、妙好人庄松が逆に真に内面的な確信の有無をたずねたものとみられよう。

信仰における宗教心理＝補償

以上みたことより、真宗門徒にみられる「仏恩報謝」の名のもとに行なわれる異常なまでの世俗道徳に対する禁欲的実践や、教団・寺院への喜捨・奉仕が、信仰確立の困難さや真の確信に対する不安への補償として成立しているのではなかろうかと思われるのである。たとえば、一六三四年（寛永一一）金沢末寺（別院）の再建において、「此御普請に洩れぬれば、此度成仏なり難しとて、八九十ばかりの祖父祖母、孫や子供にかつがれて、石搗《いしづき》の縄に手をかけ」たというように。門徒は観念的には一念帰命に徹することを往生の要諦《ようたい》と知っていても、なお現実的には「此御普請に洩れぬれば、此度成仏なり難しと」「石搗の縄に手をかけ」たのである。

親鸞は「正像末和讃」において、「如来大悲の恩徳は、身を粉にしても報ずべし、師主知識の恩徳も、骨を砕きても謝すべし」という。仏恩・師恩への報謝は仏教一般のことであるが、とくに真宗においては重要な義務であり、ある意味でそれは信仰の証《あか》しでもある。しかし報謝と成仏の可否は別の次元に属することである。にもかかわらず、「此度成仏なり難しと」して報謝するのは、心理学者C・G・ユングのいうように、信仰や倫理的欠陥を補うために働かせる心理的機能とすべきであり、これを真宗門徒の補償行為としてとらえたい。

門徒の倫理・エートス

真宗門徒の倫理は複雑な諸徳目によって構成されている。そしてそれが彼らのエートス、つまり血肉となり習慣となって行動様式を規定していた。ここでは社会経済活動との係わりの深いものとして勤勉・正直・節倹・忍耐の四つの徳目をとりあげてみよう。

勤勉

真宗門徒の残した家訓・遺言・村掟などには職業（家職）を勤勉に努めるようのべたものがきわめて多い。

(a)百姓は耕作に念を入れ随分精出し作り申すべきこと。

(b)第一家業を精に入れ常に油断これある間敷事。

以上のようであるが、以下ではやや具体的に家業との係わりをみたい。越前の豪農田中甚助の書置には、「士農工商其中に百姓はよきものといえども、其道を知らざるものは大きなる悪人なり」としたうえで、「金持に成たきこと貧の基いなり、只作方に情を入れ候えば身代は能く成り申なり」とし、田畑耕作の大要と精を入れるべき要点をのべている。また越前の武田家でも諸作物の耕作方法をのべたあと、「惣《すべての》作大徳のぞまず、損をせまじとすべし」と記している。ともに堅実な農業奨励をのべたものである。

近江商人の山中兵右衛門光栄が制定した「慎」に、「小さき御得意衆かえって大切に致すべきこと」とのべ、また五箇荘の高田善右衛門の「寿像記」に、「一度も非常の金儲をしたいと思ったこともなく、また金儲をしたこともない。ただ正直と倹約とで積重ねたことであれば……」というのも、ともにほぼ同様な精神よりでたものである。これらは総じて親鸞が排除した「虚妄《きよもう》の商《あきない》」ともいうべき一攫《いっかく》千金的な商業でなく、小さくとも着実な商業を志向したものといえよう。

さて、門徒が職業に精進するための具体的な方法の一つは時間の有効な利用である。

(c)天の冥慮《めいりょ》を恐れ朝寝致し申すまじきこと。

(d)家名を継ぎ家を治るは朝早く起るによし……。

右のように朝起きの効用を記している。尾張国の原稲城は、「日輪の照し一日にてもなき時は如何して暮さん、誠に有難き御照しを蒙りながら朝寝するの勿体《もったい》なや」といい、「我も一日一夜片時も家業を怠らず、善業相励み申すべく候と、心にも身にも御請《おんうけ》申し上げ候」という。彼はまた「善悪の日を撰ぶ勿《なか》れ、……明塞《めいそく》の憂なし、鬼門金神《きもんこんじん》の祟《たた》りなし、一代一日と心得て、時々刻々に善業を励むべし」とし、日柄の善悪、方位・方角の吉凶を否定する合理的思想に到達している。

以上みてきたように、勤勉（家業精進）は真宗門徒の中心的な徳目として一般的に認められる。それは美濃国の福田家家訓に、「四民ともに家職を懈《おこた》るべからざるの御教化を有難く存じ、随分出情いたすべくこと」と記されるように、真宗の「御教化《きょうけ》」（衆生を仏道に向わせる教導）に由来しており、門徒をかりたてて家職出精におもむかせるものであった。明治末年においても「石川県石川郡一木村是」には、田畑の農耕において「星を戴て出で月を踏んで帰るの美風はなお幸にその跡を貽《のこ》し、……遅出早退を以て耻《はじ》とする風習なり」という。ここでは早朝から黄昏《たそがれ》までの長時間労働が篤信地帯における民衆のエートスとなっていることがしられる。

正　直

真宗門徒は正直を尊び、不実・虚偽・虚妄をしりぞけた。

(a)不実方便の働きかたく無用たるべきこと、不実方便の働き努々《ゆめゆめ》あるべからず候、天道神慮の御冥見を恐るべく常に心掛け相慎《あいつつしむ》こと。

(b)正直は生れ付にては、一向左前にてとろくさき様に思い候えども、終には日月仏神の憐を蒙り奉り候と承りおよび候えば、心正直に持給うべきこと。

このような門徒の正直を尊び、不実・虚偽・虚妄を排する心が日常の生活・家業などと結合すると次のような特徴として具体化する。

(c)万事大小によらず心をつけ、非道の振舞これなく正直にして理の当然の利潤に目を懸るべきなり。非道の富は浮雲のごとし、正路第一なり。

(d)一……其身は申すに及ばず、子孫にも馬喰《ばくろう》などは堅《かたく》ゆめにもつかまつるまじきこと。一……其他貸方商堅く無用に候。一……博奕《ばくち》かたくつかまつるまじく候。一……また人の境目毛頭過《すご》し申すまじく候。子々孫々に天道の責めをあたえ申す心入に候。必々に候。

これらに記されているのは、「非道の振舞」による「非道の富」の排除、高利貸である「貸方商」の排除、「馬喰」などの口先き一つによる中間的暴利の排除、土地の境界侵入、博奕・掛け事の禁止などである。これらの多くは親鸞が「虚妄の商」として排除したものである。真宗門徒においては正直・正道にもとづく人間労働の対価としての正当な報酬、すなわち「理の当然の利潤」のみが許されるものであり、また正道にもとづく労働をしておれば「仏法信仰の者は自然と神慮にも相叶《あいかない》、並に正義（正しい信仰）にも背かず、一生身納り申すべき」ものとする思想が、彼らの現世観の根底にあるように思われる。こうして正道にもとづく労働→「理の当然の利潤」→「自然と神慮にも相叶い……正義にも背かず」という観念が成立し、正当な労働の対価としての利潤の取得に宗教的意義が与えられる。それが真宗門徒の経済活動を積極的に推進する精神的エネルギーとなるように思われる。

節　倹

節倹につき門徒の家訓・遺言・村掟などは次のようにいう。

(a)一　常々奢《おごり》がましき暮《くらし》つかまつる間敷候、年中入用多く成り申さざる様に常々心懸け申すべきこと。

一　たとえ仕合よろしくとも、家来を増し又は座敷など建常々華麗に暮しては、若い其身一代は恙《つつが》なく暮し候とも跡三代立申すまじ、……随分小勢に軽く暮し候様に思慮あるべきこと。

一　分限に不相応の衣服着用あるまじく候、別してふだんは古き鹿衣《ろくい》を着申すべく候、此儀筆紙に尽し難き徳これ有り候。

(b)今より以後は倹約質素第一にて何事によらず奢が間敷き道に携わらず、新規の建立再建の奉加など、或は不時不幸の愁歎《しゅうたん》は勿論、慶事たるといえども分限より手軽の取扱いいたし、余力あるにおいては飢寒の助として陰徳《いんとく》を積むべし、猥に長酒食・家作・衣服などの奢に金銭を費やすは不益のことのみならず、我家の没する基なり、堅く慎むべし。

(c)一　作の次第、まず御高百石持候えば、六拾石の徳（収入）をもちつねの暮しにつかまつるべく候、是第一なり、田方下し（小作に出す）候て手作少なくつかまつるべく候、牛馬下人多く召遣い候こと大悪事なり。

これらにみられる節倹の具体的な特徴の第一は、衣類・家屋・道具などを質素にすることである。そしてそのような質素な生活振りを「徳」または「陰徳」としている。第二は、食事の慎み、金銭・五穀その他の物資の尊重、すなわち一粒一銭も粗末にするなということである。そして「小分の穀たりとも粗末に取扱」うことなどは「天道の御めぐみを恐れざる」こととして非難される。第三は、節倹の結果として「余力あるにおいては飢寒の助として陰徳を積むべし」としている。第四に、(c)の史料にみるように、一〇〇石の持高ならば「六拾石〔分〕の徳をもちつねの暮しにつかまつるべく候」というように、不時に備えて平常の暮しを小さくしておくことである。「牛馬下人多く」とか「家来を増」すことを排斥し、「小勢に軽く暮し候様」というのも同様の事情と思われる。

最後の点は、「掟こゝろえ歌」に「信の上より身を軽く　仏の恩を重くして」というように、真宗門徒に特徴的な観念にもとづいている。つまり、真宗門徒の人間観においては現世は「夢の世」「仮の宿」であり、そこに住む人間は「夢　幻《まぼろし》の身」である。このような非本来的な現世に、富と栄華の王国を築くことはとりも直さず現世に執着させることであり、それは弥陀と富の二つに仕えようとするものとして厳しく戒められるのである。

真宗門徒の日常の心得を最も簡明に、しかも具体的に示した「掟こゝろえ歌」の節倹に関する部分は次のようである。

足事知て世を渡り　家を造らば驕《おごり》なく
身に徳もなく美服して　栄耀を好み食物の
不足を語る其ものを　国賊とこそ申すなれ
只世の中は上を見ず　笠きてくらせ我こゝろ

吝嗇《りんしょく》ならぬ倹約し　堪忍すればこと足りぬ
足に任せてこと足らず　足でことたる身は安し
信の上より身を軽く　仏の恩を重くして
箸より落る雫まで　押頂いて飲たまえ

衣食住について華美を戒め、その不足をいうものを「国賊」といい、知足安分を説いて最後に「信の上より身を軽く」とする。王法と仏法の見事な統一の論理である。門徒もまたこのような掟によって陶冶《とうや》されたのである。

忍耐

忍耐には、より精神的な意味の堪忍と、より肉体的な意味の忍耐力との二つの側面がある。ここでは真宗門徒に、より特徴的な後者についてみよう。

(a)勤倹以て肉となし、忍耐を以て骨となし……晨《あした》に出でて夜に帰り風雨寒暑を避けず艱難辛苦を厭《いと》わず。

(b)〔一五歳のとき父の死去、田畑売却による借財整理ののち〕爾来十有余年、夏は漆を掻き、冬は馬を曳き、農に工に商に一切の、実地見習を為す、……此間の何ずれの見習労役の難苦なるに至りては、更に甚しきものにして、筆紙の及ぶべき所にあらず。

ここにみられるような、真宗門徒の職業倫理における特徴的な忍耐心については、教団は自力的印象を避けるためか、各種の教義書や制法などに忍耐心の涵養をそのままの形ですすめたものはない。しかし門徒の職業活動が弥陀の救済に対する報恩行の名のもとに行なわれるとき、職業精進を意志的に支える忍耐心の涵養は欠くことのできないものであり、それは門徒の宗教的行事や世俗的民俗的諸行事を通して形成されたと思われる。とくに法談・説教・講（同行）この改悔《かいげ》などとともに、盆踊唄や作業唄などのように日常的にくりかえされる世俗的民俗的な行事（広義の教義的要素）によって形成される観念のつみかさねが重要な意味をもっていたと思われる。

北陸地方において広く唄われている盆踊唄「歓喜歎」において、法然一門の法難に遭って越後以下を流浪する親鸞の苦難につき、「輿《こし》や車の御身の上が、墨の衣に墨袈裟《すみけさ》かけて、こんず草鞋《わらんじ》蒲《がま》にて脚絆《きゃけん》、笈《おい》を背中に勿体《もったい》なくも、杖と笠とで御苦労ありて、風の吹く夜も雪降る中に、石を枕に御難儀かけて」と唄い、「かかる御苦労あるまいならば、こんな邪見や慳貪者《けんどんもの》が、弥陀の本願聞き分けましょか」という。もともと親鸞は個人崇拝を排除し教団を持たなかったが、その後の真宗教団の発展とともに親鸞と歴代の法主が祖師・善知識として個人崇拝の対象となっていった。「高祖聖人藤原氏へ、誕生まします」御方の、右にみたような苦労のさまを盆踊唄とし、年々唄い、聞き、口遊《くちずさ》むとき、われらのような

「邪見・慳貪者」がどうして日常事における少々の苦難に耐えぬくことができないであろうかと、門徒の心情を大きくゆすぶったに違いなかろう。

越後地方において、「越後節」と称する節談説教《ふしだんせっきょう》（説教を節をつけて語る）の台本としてまとめられた「祖師聖人御一代記」にある「関東大門村枕石寺《ちんせきじ》の事」では、親鸞ら四人が大雪の夜に行きくれ、とある民家を訪ねて宿を乞うたが断られ、その家の門下に寝ようとしたが奉公人に追立られ、門外に止宿するさまを次のようにいう。

今宵《こよい》此が宿と仰せを聞て、皆々御いたわしと思えども外に詮方《せんかた》なき泪《なみだ》、蓮位・西仏・性信十方にくれて有しに、聖人の仰せに、西仏房ただいま門の中で見れば手ごろの石がある、持て来れ枕にせんと有る故、門に入りて石を持来り、頭上げて御枕にいたり参せ、雪のしとねに蓑《みの》の夜具竹の御笠が御枕屏風、笈《おい》を北の方へ並ぶれど、武蔵野へ吹き通し雪まぶれに御なりなされた、南無阿弥陀仏、南無阿弥陀仏と御となえなされ……。

本資料の解題者関山和夫は「節談説教」につき、「譬喩《ひゆ》因縁談で笑わせ、泣かせ、和讃や和歌を美声をもって歌いあげる時、聴衆は感きわまって合掌し、鯨波《とき》のような念仏が起こる」と述べている。こうした宗教的雰囲気こそ、真宗門徒に強靱な忍耐心を成立させた信仰的基盤であったと思われる。

妙好人美濃国の安右衛門は、「寒夜に密《ひそか》に雪の中に臥して」祖師・善知識の御恩を知ろうとしたとあり、安芸国川戸村の臼挽歌には「二十五年も私にかわり、人の軒場や石枕」と唄っており、「石を枕に雪のしとね」の物語は徳川時代には史実として一般に信ぜられていたようである。

悪を排して善につく

以上、門徒の諸徳目をあげて、その具体的な様相を世俗の営為との係わりでみてきたが、なお残された二、三の問題を検討しよう。

その第一点は、門徒が一切の行為を善悪の二つに集約し、悪を排し善につこうとする点である。次の史料をみよう。

(a)九つかよ　心に善悪二つある　悪を打ちすて善をたしなめ　南無阿弥陀仏。

(b)我等心の内善悪を改、悪心無道少も出し申さざること。

(c)何れの本にても勧善懲悪と申て、初めは悪が盛っても終には善には及ばぬなり、非道の富は浮雲の如しと仰せられ候御教常に覚悟すべきなり。

(a)の史料は、三重県津市に伝わる「念仏踊」の数え唄である。「悪を打ちすて善をたしなむ」むことが念仏のもとに要請される。(b)の史料は豪農の家訓の一か条であり、具体的な内容は(a)とほぼ同じである。(c)の史料も豪農の家訓の一か条であるが、「勧善懲悪」をすすめ、世の中で善悪の盛衰はさまざまでも最終的には善が栄えるものであり、悪による「非道の富は浮雲の如しと仰せられ候御教」を守れと説いている。この他に「本村の若連中は互に善事に進み悪事を退け」とか、「悪を捨る善を積む良心の事」とかのべられている。

また、講の目的の一つとして安芸国では、「講中の者心立宜しからざる者には意見を差し加え、不仕合の者を諫《なぐさ》め、自他の善悪を集評つかまつる」とし、越後国では「相互に我慢（高慢）を止、悪きをすて善きになるよう」寄合しているとのべている。

すでに前節でみたように、真宗の篤信者は己を悪人であると自覚し、その上で念仏による弥陀の摂取を信じている。しかし、にもかかわらず彼らは世俗の倫理において悪を排除し善に赴くことが要請される。(イ)己を悪人であるとする「悪」は、親鸞的宗教的な悪であり、真宗の根源的理念的な悪の観念である。津市念仏踊の数え唄を引合に出せば「五つかよ　いつもこの世は悪の世界　弥陀の浄土や楽の都ぞ　南無阿弥陀仏」である。ここでは念仏によってのみ衆生の悪を悪としてそのまま功徳に転ずることが可能なのである。(ロ)これに対し、悪を排除し善に赴けとする善悪は近世真宗的倫理的な善悪であり、真宗の本来的理念の変質の上に成立した善悪である。同じく念仏踊数え唄では先に示した「九つかよ心に善悪二つある　悪を打すて　善をたしなめ　南無阿弥陀仏」である。ここでは悪を排除し善につくことが人間の心によって可能であるようなそれである。これは、悪を行ない「よし仕合せた所が天道や神仏が見てござる、善をなしても御利益もなく、悪をなしてもむくいもなくば、仏神をめくらにするも同然なり」というように、幕藩制的イデオロギーの勧善懲悪思想そのものである。それは、後生における地獄堕在と極楽往生を分かつものであるとともに、現世的な禍福吉凶の原因となるものでもある。

津市念仏踊の数え唄には二つの善悪の観念が併存している。それは、近世真宗の教義が他力と自力の統合物であることの表われである。

「夢の世堅固に勤めよ」

第二点は、「ここは僅かの仮の宿、未来は永き住家ぞと」というように、真宗門徒は浄土に往生し永遠の悟りにつくことを願望し、それとの対比で現世を「夢の世」「浮き世」「仮の宿」ととらえている。しかし、彼らは現世を経過的な「仮の宿」として軽視するのでなく、却《かえ》って逆に現世における世俗の営為を徹底的に充実させようとする点である。

加賀国の真宗僧任誓は、その著『農民鑑《かがみ》』において大要次のようにいう。すなわち、任誓は現世を「夢の如し」とし、この身を「夢幻の身命」とするが、その彼が「しきりに我をせめて家職を勉、骨を砕いて農業を専《もつぱら》にすべきもの」という。任誓にとって「夢幻の身命」が農業為本に徹するのは、それによって「後世の輪廻《りんね》を出離せんがため」である。彼にあっては、「不思議の法門」＝真宗の信仰と農業精進とが結合したときに、初めて「実相を悟る」＝輪廻の出離が可能となるのである。

このようにみてくると、越前国田中甚助が子息甚之丞にあてた次のような「書置」前文の意味も明らかになってくる。

我はこれ如来を頼み奉り、西方の極楽浄土の往生を遂げ候、然る上は気（機か）に逢う心入に候ぞや、浄土にて必ず逢うべく候、只々其方ひとりにて可愛さかなしく候、ゆめの世堅固に勤め、我がためには念仏申すべく候。

田中甚助の言う意味は、自分は如来を頼み極楽浄土に往生できる。お前も如来の摂取の機に逢えるよう気を付けよ。浄土で必ず逢おう。只々お前一人を残すので可愛くかなしい。夢の世を堅固に勤めよ。我がために念仏してくれ、ということであろう。父甚助は子息に極楽浄土に往生し、ともに浄土で逢うことを可能にするために、「夢の世堅固に勤め」ることを要請しているのである。

現世を「浮き世」「夢の世」「仮の宿」とみる真宗門徒にとって、王法・仏法を遵守《じゅんしゅ》し「夢の世堅固に勤め」ることが信仰に生きる具体的な証しであった。それは、孝行・仁慈・勤勉・正直・節倹・忍耐などの諸徳目を血肉化してエートスとする真宗門徒の行動様式において基軸となるものである。こうして門徒に課せられた禁欲は、東洋的な観照的禁欲でなく、実践的禁欲である。そこには仏教一般からイメージする隠遁的なものとは逆に、激しく世俗の営為に立向う職業戦士的な人間像がみられるのである。

富の処理はいかになされるか

第三点は、さきにみた勤勉と節倹とがもたらす富と真宗教義との関係である。真宗門徒においては家業精進がとかれ、家業の規模が拡大し、余剰が拡大していく場合がある。これに節倹が加わると、家業の拡大↓余剰の拡大↓節倹に伴う余剰のさらなる拡大が成立する。その場合、この富はいかに処理されるか、ということである。その際、基本的には三つの方法があろう。

第一は、「此の家を必ず我が物と思う事誤りなり、先祖代々より預り候と相心得、大切に相守り申すべきものなり」とし、家産は先祖＝家からの預り物と観念され、継承・相続を第一義とするものである。

第二は、しかしそれと同時に「旦那寺大事に相心得、奉加などの儀は随分身分相応に上げたき事に候」とし、本山・掛所・手次寺《てつぎてら》などへの報恩喜捨として献上される。

第三は、仁慈にもとづく多数の窮民・貧人に対する救恤《きゅうじゅつ》などへの行使である。加賀国の織田家は、一八三六年（天保七）の凶作に際しての救恤施行を次のように記している。

一、去る天保七申《さる》年は、古今未曾有の凶作につき作毛一切実乗り申さず、山家里中に限らず死去いたすもの少なからず、これにより当村にても我等方にも冬中より酉《とり》の春雪消の節まで、力の及ぶ限り施行いたし候、其外皆々助力いたされ候故当村は外村とは死去退転少なし。

そしてまたいう。

向後《きょうご》も右様の時節は力の及ぶ限り助合、御百姓壱軒たりとも饑渇《きかつ》相しのぎ候様致し度候、たとへ此中に何程中悪き者これ有り候とも、見捨申様の義仕まじく候、人命を助るに至っては広大の善根に候、仏神の御本意にも相叶うべく候、必ず陰徳肝要なり。

凶作飢饉での救恤が「広大の善根……仏神の御本意にも相叶うべく」とし、陰徳の肝要なることをのべている。

また、新潟町の間瀬屋は「不作で米が高い故難渋者がくらし兼、渇命《かつめい》に及ぶ様なる時、慈悲心より粥《かゆ》を焚出」すことは、「仏神天道の御思召にも叶、広大の善根」とし、さきの織田家とほぼ同様の表現をしている。

こうして門徒は、富と栄華によって地上に王国を築くことの代りに、勤勉と節倹によって蓄積される富を、貧人・難渋者の救恤にあてた。それは「広大の善根」であり、「仏神天道の御思召にも叶」うものとしてであった。

開港・維新後の変化

しかし、開港・明治維新によって欧米から資本主義制度が輸入されると、すでに勤勉・正直・節倹・忍耐などの徳目を身につけ、職業活動に合理的に精進していた真宗門徒は、しだいに家産を預り物とする観念や寺院への喜捨、さらには困窮者への救恤・陰徳などを第一義とする思想から脱却し、資本主義のそれ自体営利を目的とする観念を受容するにいたる。幕末・維新期の彼らは、富の取得に対する止みがたい欲求により、旧い観念をしだいに風化させつつあり、この新しいシステムを受容するにほとんど心理的抵抗のないところまで辿りついていたのである。これらにより、後進国ながら自立した資本主義国に成長することのできる精神的基礎が真宗門徒のなかに急速に整備される。もちろん、教団側も明治維新後は家業奨励とともに殖産興業・富国強兵を積極的に説いていることはいうまでもない。

こうして明治末年にいたり、北陸機業《きぎょう》地帯の一角を占める福井県吉田郡において、「勤勉の美風に富む、貯蓄心の之に伴いて、富めるも自然の数なり」といわれる。勤勉と貯蓄心を伴って営利そのものを自己目的とすることが実現しているのである。

門徒の地帯性

地帯性検討の必要性

近世の真宗門徒は、概して越後以西の北陸地方から、さらに東海の三河・尾張以西にその大多数が居住しているが、門徒は、おおむね特定地域に集中して居住している場合が多い。また、彼らのさまざまな歴史的存在形態に規定されて、信仰の浅深、信仰組織の差異などの点で一様ではない。従来の研究ではこれらの点が比較的等閑にされてきた傾向にあり、また真宗の寺院率についても近世の郡単位（明治期郡制施行による合併以前の）にまで遡って全国的に検討されたことはない。

ここでは、明治前期の府県統計書によって郡区別の真宗寺院率を算出し、寺院率四〇パーセント以上の郡区が連接する地域を真宗門徒の優越地帯とし、その地帯における信仰の浅深、信仰組織の差異などによって地帯性を検討したい。ここで真宗寺院率四〇パーセント以上の郡区をもって基準単位としたのは、一つには概して四〇パーセント以上の郡区においては、さらにそれがかなり広範に連なる場合は、いっそう顕著に真宗地帯特有の宗教的な特質・民俗などが地域差をふくみつつもみられるという質的な側面において、その二は、真宗寺院率四〇パーセント以上の郡区は、一〜二の例外を除き宗派別寺院率において真宗のそれが第一位であるという量的な側面からである。

五つの門徒地帯

真宗の主要門徒地帯として、(イ)北陸、(ロ)西中国、(ハ)中北部九州、(ニ)近畿、(ホ)東海の五つの地帯を措定したい。この他、讃岐・土佐・肥前・日向などに高い寺院率を示す数郡があるが、おおむね散在・小規模であるのでここでは省略する。

上記のうち、(ホ)東海門徒地帯として措定する主要な範囲は表1のようで、西濃地域諸郡とそれに接する尾張国西部の三郡、およびやや隔った三河国碧海《へきかい》郡を範囲とする。東海門徒地帯は、その大部分が東本願寺派に属する地帯で、信仰上では後にみる近畿門徒地帯よりはやや熱心な地帯と思われるが、比較的小地帯であるので、地帯性の検討からは省略したい。

表１　東海門徒地帯

真宗寺院率 国名	40%～	50%～	60%～	70%～	80%～	90%～
美濃	厚見・方県	大野・池田・本巣	羽栗・下石津・上石津・不破	中島・多芸	海西・安八	
尾張	(海東・海西)	中島				
三河		碧海				

表２　北陸門徒地帯

真宗寺院率 国名	40%～	50%～	60%～	70%～	80%～	90%～
越後	中蒲原・南蒲原	三島・古志・西頸城	新潟・東頸城	中頸城・西蒲原		
越中				上新川・下新川・射水	婦負・礪波	
加賀				江沼	石川	能美・河北
能登			鳳至・珠洲	鹿島	羽咋	
越前		丹生	足羽	吉田・坂井大野・今立		
飛驒		吉城・益田		大野		
美濃				郡上		

また、安芸国を中心とする西中国門徒地帯と、肥後国を中心とする中北部九州門徒地帯とでは、概して信仰の深さにおいて、後者は西中国門徒地帯に一歩を譲るようであるが、ともに西本願寺派を中心として構成されており、これを西日本門徒地帯として一括したい。

こうして、ここでは㈠北陸門徒地帯、㈡西日本門徒地帯、㈢近畿門徒地帯を近世真宗の三大門徒地帯として検討対象としたい。

北陸門徒地帯

北陸門徒地帯の範囲は、表2のようである。すなわち、越後国のほぼ中・西部から始まり、越中・能登・加賀・越前の南条・敦賀二郡を除く広範な地帯と、これに接続する飛驒国三郡と美濃国郡上郡を加える。飛驒・美濃の四郡を加えるのは、この地方が北陸地方の真宗伝播と密接な関係をもち、さらに北陸各地の山嶽降雪地帯にみられる道場を中心とした真宗信仰がこの地方にも広範にみられ、共通する性格をもつためである。北陸門徒地帯は、地帯全体としては東本願寺派がやや優勢であるが、決定的とはいえず、越中・越前のように西本願寺派が優勢な地域もある。

北陸門徒地帯の信仰

明治前期の「新潟県歴史」には、西頸城郡《くびき》につき「仏を信ずること甚だし殆《(ママ)》んど淫するに近し、神を敬するの念なきに非ずと雖ども仏に比すれば天淵《てんえん》の別あり」と記している。ほぼ同様の記述は、新潟区・古志・三島《さんとう》・西蒲原《かんばら》・中蒲原・東頸城《くびき》・中頸城などにみられる。また「福井県歴史」においても、越前国足羽《あすわ》郡につき「仏法　信仰深し尤も真宗のみ盛に他は衰微の姿なり」と記し、同国吉田・坂井・大野・母生《にう》・南条・今立の各郡にもほぼ同文がのせられている。これらの記事は、啓蒙性を装い神道国教化を推進する明治地方官僚の表現になるもので、「仏に淫する」などの表現のなかに、かえって民衆における信仰の強固な事情をくみとることができる。そしてこの地帯では、仏法のなかでも強固な信仰を維持しているものが真宗のみであることがみられる。

また、明治末年に編集された『訂正越後頸城郡誌稿』は、「本郡は最も仏法に帰依す。市在の信者は朝夕旦那寺に参詣す」とし、説教を伴う御座《ござ》の盛んであること、東西本願寺への参詣が民衆の無上の勤めであり楽しみであることをのべている。

森岡清美は、昭和二〇年代の調査ながら奥能登町野町川西における講中の活動を詳細に報告している（『真宗教団と「家」制度』）。すなわち、門徒五三戸で構成される川西二十八日講中の重要行事は、オザ（御座）であるが、一部農繁期を除いて月三回の定例日と、その他の日を加え年間四三回開かれる。オザは冬期は昼間、その他は夜間開かれる。オザでは、仏間で法義に明るい老人が導師となって正信偈《しょうしんげ》・和讃を称し、導師がお文を拝読したのち、一同で改悔文《かいげもん》を唱和する。これで前段が終り、賽銭を集め、茶の間において、車座になって後段の御示談が始まる。正面に上等の座蒲団が敷かれた空席がつくられ、親鸞が出席して法談を指導する場所とされる。御示談は質問―解答―領解の順序で進められる。これを指導するのは質問などに要領よく説明できる長老やごく少数の人たちである。

近世から明治期の御座において、法義の理解＝信仰の深化をはかるとともに、法義と結合した通俗道徳の訓練も行なわれた。一六八六年（貞享三年）に記録された越後国中頸城郡平出願生寺の史料は、「御講」の意義について次のようにいう。

> 仰出され候掟を守り、及ばずながら□（法）義等を相たしなみ不義なるを誡め相互に我慢を止め、悪きをすてよきになるように、同行互に寄合いたしめ申さず候ては少分も至り難く候。

ここでは法義はもちろん、「不義なるを誡め相互に我慢（高慢）を止め、悪きをすてよきになるように」「同行互に寄合」していたのである。また、明治初年に制定された越中国東礪波《となみ》郡利賀《とが》村の南大豆谷道場における「念仏行者心得か条」は、三六か条をあげているが、「一、出離の一大事を急ぎ信心決定致すべき事」をはじめとする法義・教団に関する事項とともに、天恩の感裁、法令の遵守《じゅんしゅ》、家業の精励にくわえ、朝寝・大酒・博奕・

不相応の衣服・家職にあらざる殺生を禁止している（高田やい「南大豆谷念仏道場」）。そしてさきの越後願生寺の史料にみられたのと同様に「友同行の誤りを見逃しに致し申すまじき事」とし、共吟味《ともぎんみ》を通して同行全体の倫理化をはかろうとする。こうして村・組・道場などを単位として結成される講中は、近世真宗教団の最も有効な末端の細胞組織であった。

北陸門徒地帯の人間像

このようにして越前国田中甚助にみられるように、「仏法を能々《よくよく》手次の寺にて聞届、仏のおしえ法度を背き申さざる様に」勧めるとともに、「金持に成たきこと貧の基いなり、只作方に情を入れ候えば身代も能く成申なり」と、営利致富を望まず農業出精のみを子息に要望するような、そしてまた、越後国頸城郡で「起臥《きが》出入一伸一屈 毎《ことごと》に念仏称名に余念なきものの如し。強盗行われず、堕胎の弊なく、海女山樵《あまさんしょう》も概して従順なるは蓋し是が為ならん」といわれるような、その深い真宗信仰が民衆の人間像形成に多大の役割をはたしているのである。

ここに、後にみるようにあの鈍重ともいえるほどの粘り強さを持ち、勤労に精進する北陸門徒農民の精神的基盤を見出すのである。

西日本門徒地帯

西日本門徒地帯は、西中国・中北部九州門徒地帯を合せたものとし、そのおおよその範囲は表3・表4のようである。真宗寺院率は、北陸門徒地帯に次ぐ集中性を示しているが、とくに西中国門徒地帯では安芸国が、中北部九州門徒地帯では肥後国（ただし非熊本領の球磨・天草地方を除く）がひときわ優れている。これらの地帯が概して北陸門徒地帯に次ぐ真宗信仰の熱心な地帯であることは、種々の資料によって明らかである。

西日本門徒地帯の信仰

一九世紀初に編纂された『芸藩通誌』によって、広島藩領の事情をみよう。

封内村民、親鸞宗に係るもの多し、その深く信ずるものは、家に神棚を置かず、病て祈禱せず、毎歳祖師の忌、十一月廿二日より廿八日まで素食し、漁猟をせず、その他の諸宗も、各その祖師の忌を修すれど、親鸞宗のごとくなるはなし、……凡《およそ》市井の民は、神仏ともに用《つか》うれど、村野のものは、仏を信ずること神に過たり、

また肥後国については、かの「仁助咄《ばなし》」のなかにおいて仁助が語っていう。

この在中の百姓は、どのようにいそがわしい時というとも、寺参りいたし、寺の事となれば、農業を休んで加勢をいたします。明日より食物もないと申しても、寺の事なれば、志を上げたもので御ざります。惣じて食いものもない中より上げて、それを少しも苦にはせずに、却《かえっ》て悦ぶ事で御ざります。在中の衆は、難儀すればする程、寺

表3　西中国門徒地帯

国名＼真宗寺院率	40%～	50%～	60%～	70%～	80%～	90%～
出雲		飯石				
石見	邇摩・安濃・那賀	美濃・鹿足		邑智		
備後	安那・芦田	品治		三次		
安芸		広島		佐伯・賀茂	安芸・高田	沼田・高宮・山県
周防	大島・玖珂	熊毛				
長門	阿武		豊浦	厚狭・大津	美祢	

表4　中北部九州門徒地帯

国名＼真宗寺院率	40%～	50%～	60%～	70%～	80%～	90%～
豊前	仲津・宇佐		田川・上毛			
筑前	鞍手・穂波・志摩	怡土	遠賀・嘉麻・下座・夜須・那珂・早良	上座・御笠・席田		
筑後		山門・三池	御原・三潴・上妻	生葉	竹野	
肥前		三根		基肄・養父		
肥後	飽田	熊本・菊池	宇土	託麻・合志・阿蘇・八代	玉名・山鹿・下益城・葦北	山本・上益城
豊後	西国東		直入	玖珠	日田	

に志を上げます。今の難儀は、人間五十年程の知れた事、未来永々の難儀が大事じゃというて……。

西日本門徒地帯で熱心な信仰を形成・持続させた重要な要因の一つに、小寄講《こよりこう》ないしそれに準ずる組織の強固であったことは注目しなければならない。安芸国では、村内の一四、五軒より二、三〇軒で小寄講が構成される。その目的・機能は次のようである。

(a)毎月小寄と号し講中の者夜分相集り僧を招き法話を聞く、第一御公儀御触示しの事を申あい、又は講中の者心立宜しからざる者には異見を差加え、不仕合《ふしあわせ》の者を諫《なぐさ》め、自他の善悪を集評仕る。

(b)此講の者とも因合《よりあい》の儀は死体葬《とむらい》送り仕候節、或は作方植付、或は普請作事等仕候節は相互に合力《ごうりき》を致し合い、其外出火失人病難災難すべて違変不意の義御座候節互に助け合い、

(c)右講内因合に付、得勝手気随意我儘等申募り、其上講内の者共宗教筋等も聞き申さざる族も御座候て致方御座無候節は講内を刎《はね》ると申候。

これらによってみると、(イ)小寄講は本来的にもつ宗教的機能に加え、「自他の善悪を集評」するとか、「若《もし》身持不行状のものは善道へ導」くとか、世俗的道徳の改善陶冶《とうや》の場と

なっている。したがって、藩の示す「教訓道しるべ」が読み語られたりする。(ロ)また小寄講は、葬儀・農作業・普請・その他の変事において相互扶助を行なう。また、病人の家には「講中の者申合せ先其者の田地相応、明年の苗代まで肥草刈つかわし、其後銘々とも肥草刈取申し候」ことも行なわれた。小寄講は、相互扶助により小農民の没落を防ぐ組織でもある。(ハ)上記の(a)(b)に掲げたような講の規定に背き、秩序を乱すものは講刎《こうばね》となる。しかし、これによって「其者をこらし心行相改め詫言《わびごと》仕候えば又入講元の如く親切を尽し申し候」とされる。これによれば、講刎は制裁そのものが目的でなく、説諭してもなお真宗同行としての正しい信仰と倫理に背くものに、さきにみたような相互扶助を断ち切り制裁することで「しようこわき族など」を改心させ、ふたたび正しい真宗同行に立ち帰らせることこそが目的であったといえよう。

以上のような小寄講的組織は、長門国日置上村や今浦御開作でも行なわれていたようであり、肥後国熊本領でも「仁助咄」によってその存在を知ることができる。

西日本門徒地帯の人間像

このような西日本門徒地帯における真宗信仰と小寄講的組織による世俗的道徳の訓練とが、広島県『佐伯郡誌』（一九一八年編）をして、「真宗の隆盛なる所なれば人心之れが為に支配せられ、風俗人情の上に及ぼす所の影響蓋し大」であるとのべ、また「島根県史料」をして、「真宗の教派頗る旺盛」な石見国において、人口に比し土地が少ないため、民衆は木工・木挽・左官などとして他国に出稼ぎし、「其生理を重じ労働を吝《おし》まざるの点に於ては人の本分を守るものと謂うべきなり」と賞揚するのである。

近畿門徒地帯

近畿門徒地帯とする範囲は、おおよそ表5に示す郡区といえよう。この地帯は近江国東浅井郡、摂津国大阪区、伊勢国員弁・朝明郡のように真宗寺院率八〇㌫に達する郡区もみられるが、概して五〇～七〇㌫台が多く、北陸・西日本両門徒地帯に比し集中度はやや低い。また、近江国では東本願寺派がやや優勢であるが、摂津・和泉・河内・大和・播磨では西本願寺派が優勢である。なお、伊勢国は全国唯一の東西本願寺派のいずれでもなく、高田派の優越する地域である。

近畿門徒地帯の信仰

一七四〇年（元文五）西本願寺で学林を監していた正崇寺法霖は、西本願寺執政などを教諭した「法語」のなかで次のようにのべている。

摂州に真実の御門徒一人もこれなしと申候事。摂州には数万の御門徒これ有候えども、真実の御門徒これ無く候とは、あまり過言と御聞きなさるべく候えども、御門徒の頭取《かしらどり》をいたさるる衆を見および候処に、無疵《むきず》なる法義者は相見え申

表5　近畿門徒地帯

真宗寺院率／国名	40%～	50%～	60%～	70%～	80%～	90%～
近　江	蒲生	栗太・神崎・愛知・西浅井	野洲・犬上・伊香	坂田	東浅井	
摂　津	島上・豊島	住吉・兎原	島下		大阪	
和　泉	大鳥・南					
河　内	大県	石川・八上・安宿部・丹南・讃良	古市	志紀・丹北・河内・若江・渋川・茨田		
大　和	高市・吉野	宇陀・十市・葛下		広瀬		
伊　勢	鈴鹿・安濃・一志		三重・奄芸	桑名・河曲	員弁・朝明	
播　磨		印南・飾東・飾西・赤穂	揖東	揖西		

さず候故、頭取衆のおもわく此の如くなれば、末々は思いしられたると申す事にて候。其故は、自分の御恩報謝とは申さず、只御本寺の御為め御為めと申され候、これ皆自分を募《つの》る心から出る言葉なり。御本寺へ扶持にきさせる心からは、平生の御勧化は、何と聴聞いたされ候や。其上法義は喜び申さずして、銭金を集るばかりを法義のように心得られ候。それが祖師善知識より御相伝の領解にて候や。此心を募られ候は、皆此方のあやまりにて候ゆえ、此心をくじかん為め、一人もなしとは態《わざ》とはげませて申候。

法霖は、摂津国における門徒頭取層の行為より「摂州に真実の御門徒一人もこれなし」という。そして頭取層の「自分を募る心から」「御本寺の御為め御為め」と申し、「法義は喜び申さずして銭金を集る」を任務としている。このような頭取層の指導する門徒大衆、すなわち「末々は思いしられたる」ことであると。そしてこのような「自分を募る心」を成りたたせたのは西本願寺のあやまりであり、この頭取層の反省を促すために真実の御門徒一人もなしといっているのであると。

すでに北陸門徒地帯や西日本門徒地帯において門徒の信仰を深め、世俗倫理を陶冶する場として小地域単位の講中・御座の存在を指摘し、それが近世真宗教団の最も有効な末端の細胞組織であると規定したが、摂津国ではこのような講中はどのような状態であったか。日野照正『摂津国真宗開展史』は、第七章を「摂津国における講」と題しているが、ここで主としてのべられる講は、豊島・川辺・武庫・菟原《うばら》の四郡を組織した摂津十三日講（のち川東・川西の両組に分れる）や、島上・島下両郡域に成立した摂津十二日講で、筆者がここで問題としている小寄講的組織でなく、さきに紹介した法霖のいう門徒頭取によって西本願寺に銭金を集める大組織に該当するものである。

こうして摂津国では小寄講的組織が存在していたか否か明確ではないが、地方史誌類などから、周辺部の河内・大和・近江国の一部に北陸・西日本門徒地帯のそれに近いものが存在していることは確認できる。しかし、その場合も、北陸および西日本門徒地帯のように、ほぼ真宗門徒の居住地に小寄講的組織が一般的に成立していたとは思えず、たとえ一般的に成立していたとしても近世の比較的早い時点から衰退したと思われる。この点は、前記の両地帯のように、小寄講的組織の講規約などが紹介されておらず、地方史誌などにもその構成・機能などについての記述がきわめて少なく、かつ簡単であることなどによって推測される。このように、一般的にいって宮座史料と大寄講の史料などが多数存在しながら、小寄講的組織の史料がきわめて少ないのは、この地帯において近世真宗教団の最も有効な末端の細胞組織としてのそれが欠けていたか、あるいは早期に衰退するなどによって、真宗信仰が空洞化・形式化しつつあったものといえよう。

『河内屋可正旧記』を残した河内国石川郡大ケ塚村の可正は、真宗門徒でありながら、真宗の理念的性格（悪人正機とか弥陀の功徳〔回向〕による救済など）についてはほとんど注目せず、真宗をふくめた仏教を一般的に勧善懲悪の教化手段ととらえており、儒仏神道などから諸思想を取り入れて独自な通俗道徳を形成している。また、大和絣《やまとかすり》を創始した大和国葛上郡御所町の浅田松堂も真宗門徒であるが、彼の残した「家用遺言集」によれば、彼は八幡様・弁財天《べざいてん》への信仰をもち、「すべて一向宗はかようの事をほめぬ事なり」と、真宗が余神余仏の崇拝を排除することを承知したうえで信仰している（木村博一「大和絣の創始者浅田松堂の『家用遺言集』について」、「江戸中期一地方町人の思想――大和絣の創始者浅田松堂の『家用遺言集』について」）。

近畿門徒地帯の人間像

結局、近畿門徒地帯においては、(イ)真宗教団が弥陀一仏信仰を決定的に浸透させることができず、門徒の内部に多神教的な雑居信仰を持続していること、(ロ)さらにこの地方の経済的発展・変動の激しい状況のなかで、まず門徒・講の頭取層を中心に信仰の形式化が進み、それが漸次門徒大衆にまでおよんだと思

われる。(ハ)またこの地帯では、真宗篤信地帯に顕著にみられる、堕胎・間引きの忌避によ
る人口増加がなく、逆に近世中後期以降に堕胎・間引きが行なわれて人口減少に悩み、ま
た出稼ぎ・行商・移住などによる大量の出稼ぎ・移住型経済活動のみられぬのも、こうし
た地帯性のもたらすものとみたい。(ニ)ただ摂津などの近畿中心部の門徒と北伊勢・近江東
部および北部・西播磨・南河内などの門徒には信仰の浅深に若干の差異があるように思わ
れるが、大勢としては近畿門徒地帯の一般的傾向として右のようにのべておきたい。

間引きの忌避

人口の増加

堕胎・間引きの忌避

『世事見聞録』の記事

一九世紀の初め、武陽隠士なる人物が『世事見聞録』という大著をあらわしている。彼は大の仏教ぎらいで、とくに真宗をきびしく攻撃した人であるが、その彼が次のような注目すべき記事をのせている。

さて或人のいわく、国々に子を間引くという事有て人少になれり。しかるに一向宗流《る》布《ふ》の国々は一体人々の信心よく整い、左様なる残忍なる人情はなし。かえって人多くになり、其土地に溢《あふ》れもの困窮におよぶほどの事なきよし。

この記事はなにを意味するのか。享保改革を進めた徳川吉宗は、一七二一年（享保六）以降、六年ごとに国ごとの人口調査を命ずるが、そのころから日本の人口は停滞し、以後幕末までの「百二三十年間殆《(ママ)》んど停頓の状態に終始した」とされる（関山直太郎『近世日本の人口構造』）。徳川期の人口動向は、じつにさまざまな要因によって成立っていたと思われるが、その一つは、相つぐ凶作飢饉や流行病によって多くの人口を失うことであり、いま一つは、堕胎や間引きによって人口増加が妨げられていたことである。そして、凶作飢饉を予想しその被害を少なくするため、人口調節が行なわれていたのであり、この両者は密接に関連していた。このような一般的な状況のなかで、『世事見聞録』は、真宗の篤信地帯では間引きがなく人口が増加しているというが、はたしてこのことが正しいのかどうか、いま少し他の史料によってみよう。

北陸門徒地帯の事情

この地帯における間引きの忌避につき次のような史料がある。

(a)越後一国は赤子を殺すこと甚だ少し。

(b)越後は今に間引きするの悪癖《あくへき》なし。いかなる貧民にても出生の子あり次第に幾人も養育し……。

(c)本郡（越後国頸城郡）は最も仏法に帰依す。……強盗行われず、堕胎の弊なく……。

また、のちにみるように寛政改革期より北陸諸国から関東北部・東北地方に入百姓《いりびやくしよう》が進められるが、越中国礪波《となみ》郡より常陸国への入百姓につき次のようにいう。「当国（常陸）は往古より風俗宜《よろ》しからず、其上もどす、まびくなど名づけ、出生の子を産所にて殺害」して人口の減少をきたし、それが農村荒廃を招いているので、その救済策として入百姓政策を立案・推進するものであると。そして北陸の真宗門徒を選んだ理由としていう。

　幸なるかな、北陸はおおよそ一宗（一向宗＝真宗）の徒にして常に仏法に親み深きゆえ、人数も多く家業もはげしき国風なれば、彼国に溢れる民俗を引入れ、荒田を開発せしめ風儀をここに移さば、多くの幼童を育うともその悩《うれ》いなきを見習い、ついに因果の道理を弁えん、因果を弁える人自分の子を殺害して何ぞ快《こころよ》しとせん。

ここでは、入百姓による人口増加・荒田の開発とともに、越中門徒の「仏法に親み深きゆえ、人数も多く家業もはげしき国風」を移植し、「もどす、まびく」の行なわれている常陸の「風俗」を改良しようとしている。

　以上みたように、幕府や関東・東北諸藩の為政者および経世家たちは、熱心な真宗信仰をもつ北陸門徒地帯においては概して間引きをせず、人口増加地帯であることを認識していたのである。

　ここで、東日本の人口指数と真宗寺院率の相関を示すと図1のようである。人口動態を左右する要因は、自然をふくむさまざまな歴史的諸条件によって決せられ、じつに複雑で

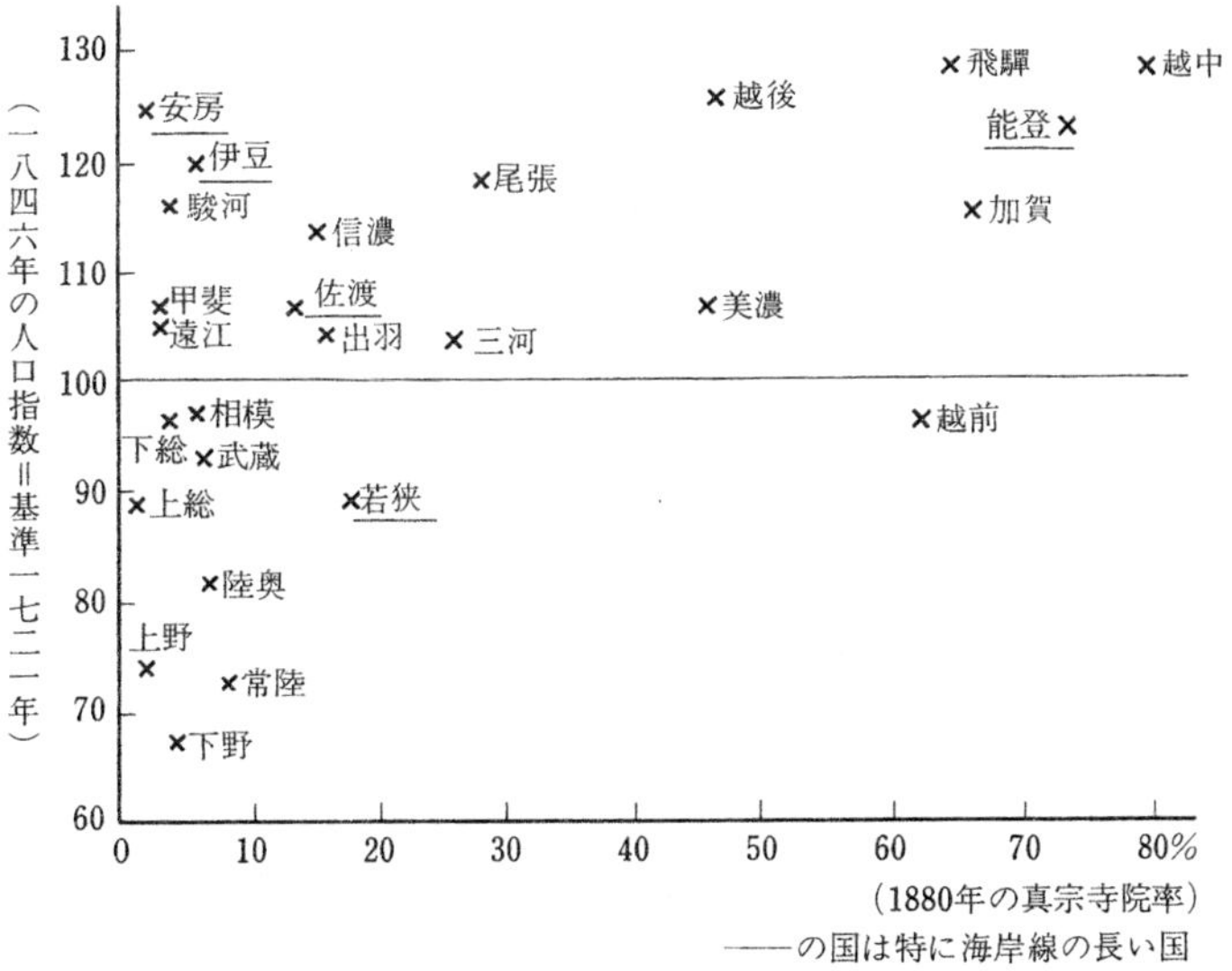

図1　中部以東圏の人口指数と真宗寺院率の相関

ある。図1によってみると、越中・飛騨・能登・加賀・越後・美濃など真宗寺院率の高い地帯、したがって真宗門徒の多い地帯が概して人口増加地帯である（ただし、越前は天明・天保の両飢饉の被害が大きく人口減少地域となっている）。しかし、真宗寺院率のきわめて低い地方でも人口増加を示している国があり、その場合は異なった要因を求めねばならない。いまはその要因について詳細な考察をする余裕はないが、地勢上、島嶼・半島などで概して面積に比し海岸線の長い地方は、長期的にみて人口増加地域である場合が多い。図中の能登（真宗篤信地帯と長い海岸線の二つが重なる）・安房・伊豆・佐渡などはこうした事例であろう。ただし、若狭は海岸線は長いが人口減少地となっている。

西日本門徒地帯の事情

北陸門徒地帯につぐ熱心な真宗信仰をもつ西日本門徒地帯の事情はどうであろうか。

戊辰《ぼしん》戦争で討幕軍を苦しめた越後国長岡藩士河井継之助は、青年時代に江戸から長崎に旅し、旅日記『塵壺《じんこ》』を残している。彼は広島の手前で一人の商人と道連れになり、商人より聞いた話として「安芸はいたって人衆《おお》し、是は近国と違いまびかざるのゆえなりと。万一右ようの事しれると重罪に行わるるよし。是は善政なり」と記している。河井継之助の記した話の前半分、すなわち安芸国で間引きが行なわれず、人が多いという

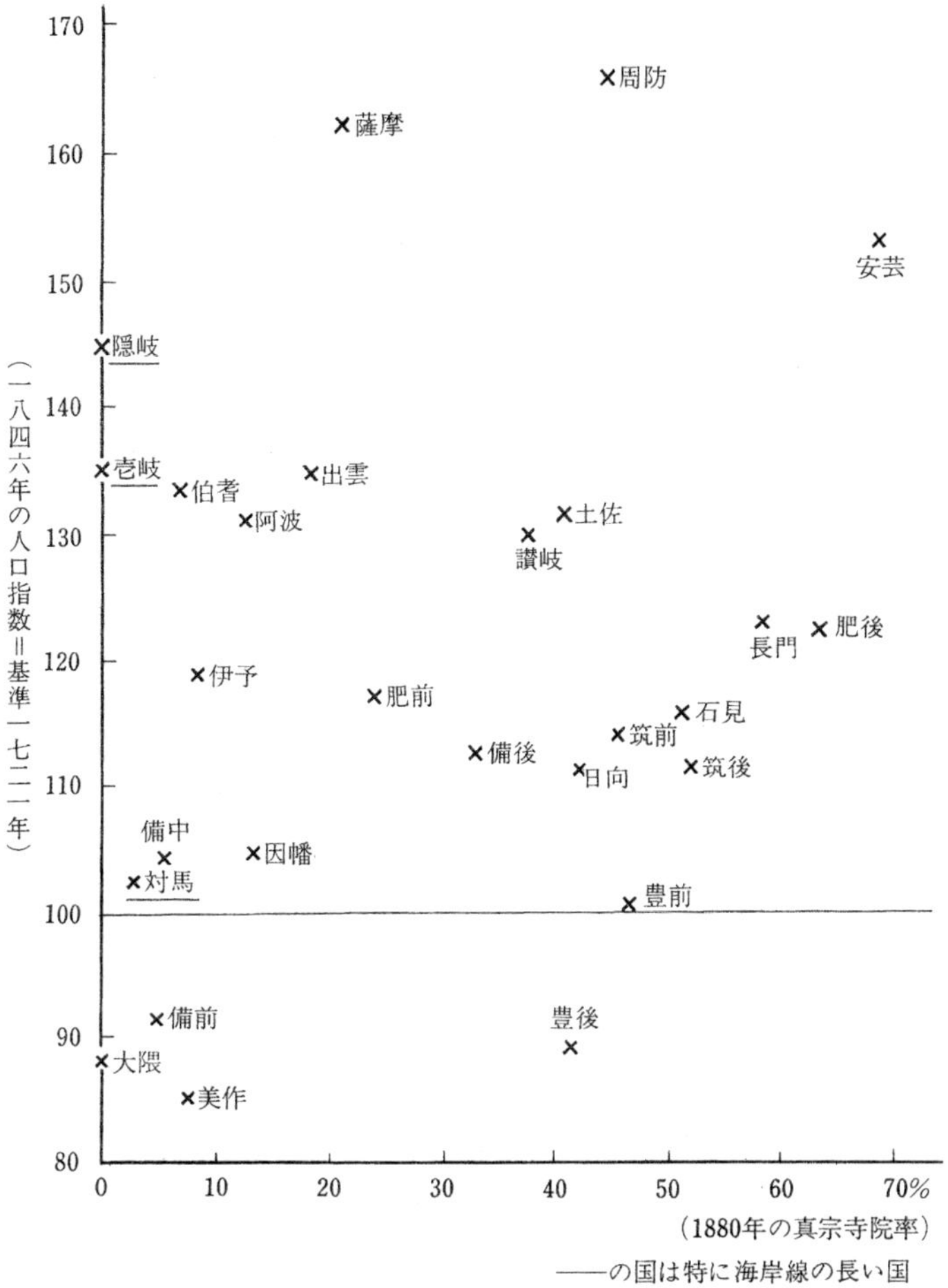

図2　中四国九州圏の人口指数と真宗寺院率の相関

点は正しい。しかし、これを藩の厳罰＝善政の結果とするのは正しくないと思われる。広島藩では捨子禁止の法令はしばしば出ているが、堕胎・間引きの禁令はみられないからである。

徳川後期の経世家本多利明《としあきら》の著とされる『西薇事情《せいび》』は、備後国南部の福山領につき、土地生産性の高い「良国」としたうえで、「いかなる貧農といえども、産子を間引くということを知らず、年を追い月を追って人民増殖する勢なり」とのべ、間引きのないのを土地生産性の高さに求めている。

しかし、土地生産性の高さでは備後福山領に劣らない備前や備中南部でも堕胎・間引きの慣習に領主階級が頭を悩ましていた事情と比べると、問題はそれだけの理由ではあるまい。福山領も真宗寺院率が比較的高く（三八・八パーセント）、熱心な信仰をもつ安芸門徒地帯の東縁部であることがその理由と思われる。

石見国も熱心な真宗地帯であるが、山陰各地が「生児圧殺」の慣習をもつところが多いのに、「本国においては其（真宗）教義の生来脳裡《のうり》に深染《しんせん》するもの多きをもって」間引きの「悪弊を免れ」ているという。

図2に中四国九州圏の人口指数と真宗寺院率の相関を示す。真宗寺院率は相当に高いが、

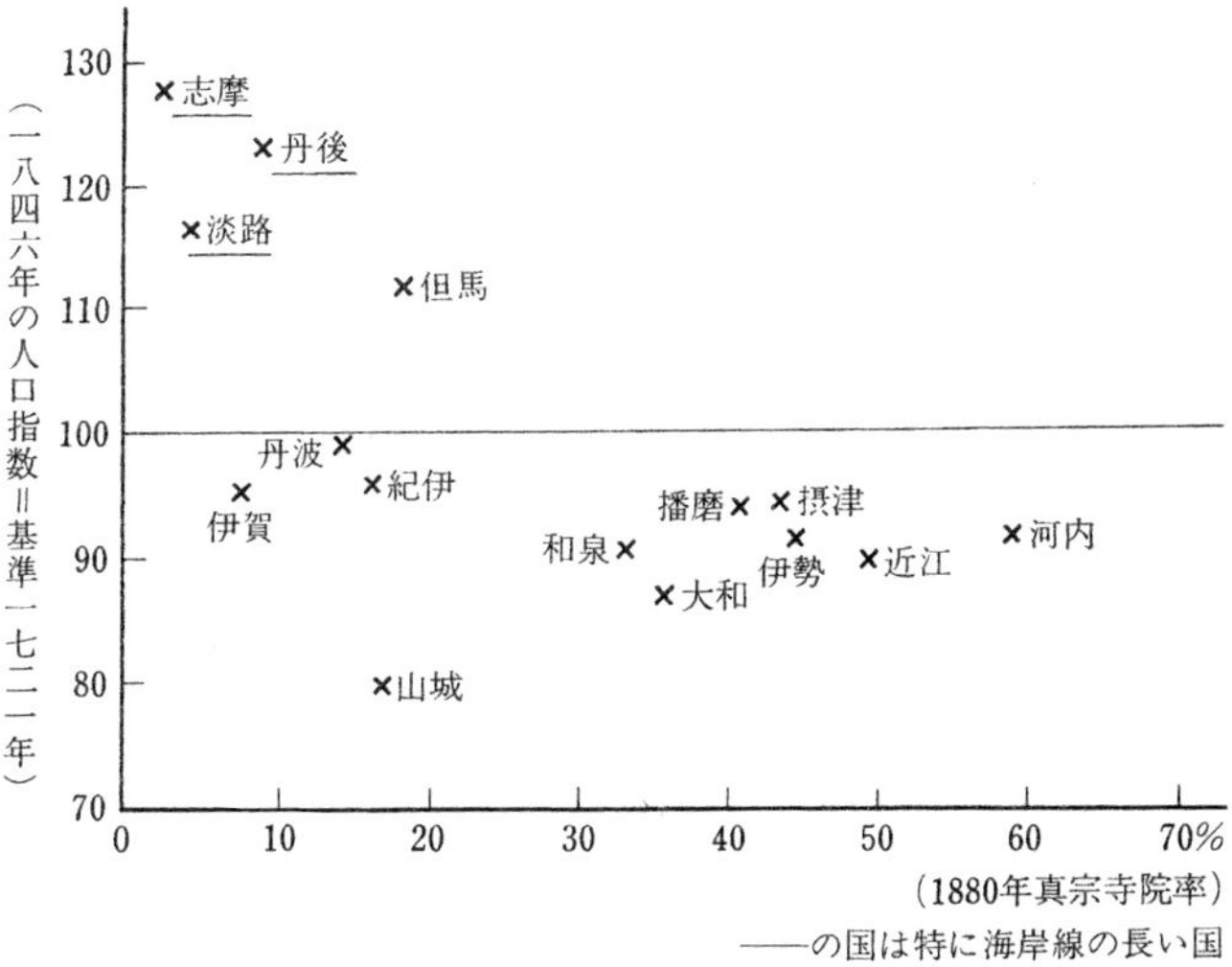

図3　近畿圏の人口指数と真宗寺院率の相関

人口の停滞している豊前と減少している豊後とは相つぐ凶作飢饉とともに、人為的な人口調節があったと思われる。一八七五年(明治八)西本願寺法主は豊前国門葉中に消息を送り、「乳児をして空しく露命を草蒼《そうそう》の中に落さし」め、「親としてわが子をすつる悪弊」の一掃を要請している。近世前中期に九州一帯に広く存した間引きの一型態としての「捨子」の風習が、幕末・明治初年までこの地方に残っていたものと思われる。なお、この図でも真宗寺院がゼロの隠岐・壱岐などで高い人口増加を示しているのは、島嶼・海辺地方の特徴とみるべきであろう。ただし、対馬は人口増加が少ない。領主宗氏の行なう朝鮮貿易の衰退がこの国全体の人口を停滞させたと思われる。

こうして国ごとの特殊事情を持ちながらも、安芸・肥後・長門・周防・石見・筑後・筑前・日向など西日本門徒地帯でも概して間引きが忌避され人口増加地帯となっているといえよう。

近畿門徒地帯の事情

近畿地方では図3にみるように、真宗寺院率の高低にかかわらず、一七二一年の人口調査以降、概して人口の減少をみせている。その理由は、近畿地方の中心部では門徒地帯・非門徒地帯を問わず、ほぼ堕胎・間引きの風習をもっていたことにあるといえよう。一八四二年(天保一三)大和の幕領村々の惣代が提出した願書には、大和国では「おろし屋ととなえ、堕胎の療治を致」すものが所々にあるとし、そのため人命を受けながら闇から闇に葬られるものが多いのに対し、被差別部落の民衆は「右堕胎を相慎《あいつつしみ》候につき、追々人数相増《あいま》」しているという。

すでにみたように、近畿の門徒たちは東西両本願寺の膝下《ひざもと》にあり、豪農・豪商たちの頭取層を中心として、本山のために「銭金を集」めて奉仕することには熱心であったが、信仰は概して形式化していたようである。これに対し、賤業を強制され厳しい身分的差別をうけ、寺までも専用の真宗寺院のもとで信仰していた被差別部落の民衆たちは、阿弥陀如来の救済によって輪廻《りんね》をたち切り、来世は被差別身分から脱したいとして、殺生＝堕胎・間引きを忌避していたと思われる。

なお、この地方でも著しい人口増加を示している志摩・丹後・淡路などは海岸線のとくに長い地方である。

真宗篤信地帯と人口増加

徳川後半期の人口動向が一般的に停滞状況のなかで、概して奥羽・関東・近畿地方が減少し、中国・四国・九州・中部地方が増加している。増加地域のなかでも、西日本門徒地帯に属する安芸・周防・長門・肥後・石見・筑前・筑後国と、北陸門徒地帯に属する越中・越後・能登・加賀・飛騨国などは増加が著しい。これらの地方は、のちにみるように徳川末期に出稼ぎ地帯となり、明治中期以後、西日本門徒地帯からはハワイ・北米などへの海外移民を送出し、北陸門徒地帯からは北海道移住民を大量に送出することとなるのである。

養蚕＝殺蛹の忌避

真宗篤信地帯で堕胎・間引きの忌避が行なわれたことの精神的＝心理的な基盤を理解するために、一部の真宗門徒篤信地帯で養蚕《ようさん》＝殺《さつ》蛹《よう》の忌避が行なわれていたことをみておく必要がある。というのは養蚕―製糸の工程は、繭を煮て糸をとるので蛹《さなぎ》を殺さざるをえず、これが仏教にいう十悪の冒頭にあげられる殺生として忌避されたからである。

一八世紀の中葉、熊本藩で行なわれた宝暦改革において、改革を中心的に進めた堀平太左衛門は、養蚕の利益に着目して領内に養蚕奨励を布達した。布達において領民に養蚕の知識がないので藩が教示するとし、その際、「出家などの話により殺生が間敷ことなど心得申さざるよう」とか、あるいはとくに寺社に対し「殺生が間敷ことのよう下方《しもかた》の者どもへ申示さざるよう」にと記している。真宗信仰の熱心な熊本領で、地方寺院の教える殺生忌避の教説が養蚕奨励の重大な妨げとなると心配していたのである。

広島藩でも、徳川初期から数次にわたって養蚕を奨励したがはかばかしく進まなかった。

幕末、開港を迎え養蚕―製糸の必要が叫ばれるなかで、藩は、養蚕の進まないのは領民が「殺生の業報《ごうほう》恐しきなど」と思い込んでおり、とくに婦女子にこの惑《まど》いが甚しいが、真宗では、すでに祖師親鸞が「俗人産業世渡りのため漁猟相営み候は勿論のこと」とのべているとおりで、こうした「愚説」に惑わぬようと誡めている。また明治期に入ると、広島県は、養蚕忌避の風潮が殖産興業政策の妨げとなるとして誡めるとともに、民間レベルでも下向した西本願寺管長に養蚕の必要を啓蒙・奨励してもらい、あるいは真宗の僧侶が巡廻教師となって郡内各地の民衆を啓蒙するなどを行なっている。

養蚕＝殺蛹を殺生として忌避する観念は、熱心な真宗地帯である石見国でもみられた。また、山口県では明治末期になっても、「今尚お養蚕牧畜等は宗教上の殺生なりとする本(ママ)県多数者の深き迷信」があったとされる。

安芸国の山繭紬

ところが藩の奨励にもかかわらず、養蚕―製糸―絹織の振わなかった安芸国で、すでに一八世紀前半ころから高宮・沼田・山県三郡の接する地方の村々で山繭紬《やままゆつむぎ》が生産されていた。

山繭は、天蚕《てんさん》ともいわれる山繭蛾《が》の幼虫が五月ころに孵化《ふか》し、ほぼ五〇日ほどクヌギ・ナラ・栗などの葉を食用として成長し、四回脱皮したのち、木の葉の間に緑色の繭をつくる。この繭から山繭紬に使用する強くて良い糸がとれるため、秋になって落葉するころから採取される。しかし、山繭蛾の幼虫は繭のできたのち、間もなく蛹となり、八月下旬ころまでに蛾となって繭の一部をくい破り脱出し、交尾―産卵したうえで、自然の摂理のうちに世代を終了している。新しい世代は、卵態で越冬する。この場合、採取した繭は蛾のでた、いわゆる「出空《でがら》」であり、養蚕―製糸―絹織の工程とは異なって殺生としての殺蛹は存在しないのである。

養蚕に伴う殺蛹を殺生として忌避した安芸門徒が、山繭紬を絹織物の代替物《だいたいぶつ》として開発したといえよう。もちろん、山繭紬が、この地方の産業として成立するためには、山繭蛾の成長に必要なクヌギ・ナラ・栗などの茂る広い山林が必要である。このような自然的条件とともに、安芸門徒の殺生を忌避する精神とが結合して地方産業を育てたのである。そのためには山繭を灰汁《あく》でよく煮て糸をほぐし、糸の一部がくい破られた出空繭を使用するため、「綿を引く」ように手引き製糸を行ない、さらに糸の糊付け―機織《はた》―水晒《さら》し―糊付けなどの複雑な技術を必要とした。こうして初めは芸備領内でとれた原料繭を使用していたが、のちには播磨から中国筋八か国で産出した原料繭を買入れて紬生産を行ない、高宮郡可部町は、原料と製品の集産地となったのである。

北陸門徒地帯の動向

以上みたように、養蚕＝殺蛹の忌避は、安芸・石見・防長・肥後など西日本篤信地帯にみられ、これらの地方では明治期に入って殖産興業政策が進められるまで（防長では明治末期まで）養蚕業の進展は大きくなかった。

これに対し、長い養蚕の伝統をもつ北陸門徒地帯では事情はやや異なるようである。早くから越中蠣波地方を中心に養蚕が行なわれ、城端《じようはな》を中心に加賀絹の名で絹織物が生産されたことは有名である。このように、早くから農民経済に養蚕業が浸透していた北陸の各地では、養蚕忌避の観念は一般的なものとしてはみることができない。

しかし、北陸門徒地帯でも養蚕業が遅れて入るところでは、真宗信仰が養蚕＝殺蛹に対する一種のタブーを形成していたようである。越前国足羽《あすわ》郡下文殊村の勧業家飯田弥次兵衛は、足羽郡において、「養蚕および家禽《かきん》飼育」が宗教のために妨げられているとし、一八八七年（明治二〇）西本願寺派の僧赤松連城の郡内巡回にしたがい、「養蚕および家禽飼育の洪益あるところ」を講話して廻り効果をあげたとされる。

加賀国埴田組の虫塚

加賀国能美郡は、北陸門徒地帯でも最も高い真宗寺院率で九二パーセントにおよび、信仰の熱心な地域であるが、同郡埴田《はにた》組（現小松市内）に二つの虫塚がある。これは、天保の大飢饉につぐ一八三九年（天保一〇）に浮塵子《うんか》が大発生し、被害が激しかった。そこで十村《とむら》（大庄屋にあたる）田中三郎右衛門は、木綿袋で取り集めた浮塵子二三袋を埴田の物見坂に、また他の一六袋を岩淵の西光寺跡に埋めて虫塚を造り石碑を設けたのである。

虫塚の碑文には、(イ)虫の大量発生で難儀をし、木綿袋を使用し駆除したとし、(ロ)後年ふたたび浮塵子が発生した場合には（大蔵永常著『除蝗録』に従い）、早く草取りのころに木実油を田にまき払い落して駆除すれば、それだけ殺生する虫が少なく「虫の愁《うれい》怒《いかり》うすかるべし」とのべ、(ハ)この年の大駆除による「虫の愁（憂い悲み）をおそれ」て虫塚を造り、供養するとしている。この碑は、在俗の信仰者として止むなく殺生したが、殺された虫に対し、憐愍《れんびん》の心をもち菩提供養のために建てたもので全国的にもきわめて珍しいものである。

養蚕をめぐる対応の差異

さて、養蚕を殺生として忌避する観念は、真宗教団の中枢部でも問題となっていた。一八世紀中葉の人、明教院僧鎔師《ようし》の「法語」に大要次のような問答がある。すなわち、門徒が養蚕をすることは間違いではないかという問に対し、答えていう。真宗の末寺である道場・坊内での養蚕はしてはならない。しかし、一般の信者である在家は別で、養蚕は「世路の一筋」（世渡り・生活の一つの手段）であり、これを行なわないと世間が成りたたなくなる。また、それは「猟漁をもせよとある御勧化にも違《たが》う」ことになり、養蚕の問題に心を煩わすよりも誡むべきこと、勧むべきことの大切・肝要なことが他にあると。

ここにみるように、真宗の正統的な教学者鎔師は、一般の信者にとって、養蚕を「世路の一筋」であり、「猟漁をもせよとある御勧化」にも違犯するものでないという。しかし、西日本門徒地帯の広い地域で（一部北陸門徒地帯をも含めて）、真宗門徒たちは養蚕に伴う殺蛹を「殺生の業報恐ろしき」などとして忌避した。教団・教学者が世俗の営為の妨げとなる禁忌《タブー》を排除しようとするのに、一般門徒大衆は禁忌を禁忌として守ろうとする。そこに門徒たちが、主観的にイメージする如来好みの人間像に、自己改造を図ろうとする宗教心理＝補償行為をみることができる。

殺生忌避の精神的基礎

殺生忌避の教義的側面

まず、真宗教団は殺生に対し、いかなる態度をもっていたか、その教義的側面からみよう。一七世紀中ころに活躍した東本願寺派の学僧である浅井了意は、『勧信義談鈔』において、五戒には僧侶の守るべき本戒と、在家の守るべき相似戒があるとし、五戒の一つ殺生戒につき次のようにいう。

人として五常をしらざらんは、さらになにのとりえかあらん、仏経にはこれを五戒となづく。相似の戒ということあり、在家は一生の持戒にかなわず、されば相似の戒をおしえたまう。ひとつには殺生戒、いわゆる本戒は、蚊の足をもおとすことなく、身に蚕の糸をきず、いわんやころして食すべきや。相似戒のときは身をたすくるためには、生をころしてもちゆるとも、用なきことにはころすことなきなり。

ここでは、僧侶が守る本戒において、殺生戒がきわめて厳しいのに対し、在家が守る相似戒においては身をたすくるために殺生も許されるが、不用な殺生は許されないという。親鸞以来、殺生が許されるという原則と、僧侶身分を形成しているという現実をふまえた近世真宗の殺生に対する基本的な態度とみてよかろう。彼はまたいう。

殺生して食とするは、放逸《ほういつ》無慈悲のいたりなり。魚鳥ものいわねど、俎《まないた》にひきあげられ、命をそこなわるるとき、眼ひらけてなおその人を見る。まことにあわれむべし、かたちは我とひとしからねど、命のおしさは我とおなじ。

右において、先の基本的態度にもかかわらず、「殺生して食とするは、放逸無慈悲」とし、仏法の大悲を忘れた行為を批判する。

真宗篤信地帯に伝わる各種の口説《くどき》類は、僧侶の作とされるが、富山県魚津市地方に伝わる「御寺参り小言の弁」なる盆踊り唄は次のようにいう。

誠信心　得られたならば　信の上より　ただ何事も　己がこころ　鞭うち立てて　生《もの》の命を　殺さぬように　人の心を　痛《いた》めぬように　仁義五常の　道をば守り　纔《わず》か蚊の足　一本までも　折らぬようにと　心得たまえ　世間咄しや　人ごとまでも　言う

な語るな　慎みたまえ　それを力に　するではないぞ　ここが同行の　談合でござる

ここでは誠の信心を得たものは殺生をするな、それを往生の力にしてはならぬという。この他にも東本願寺派の学僧恵空も、殺生を「大悲の害」とし、しかも殺生を慎むことが自力修行ではないという。

ただ、殺生が地獄への因となるという点は、真宗の殺生忌避を理解するカギとなろう。『妙好人伝』の「和州半平」の項に以下のような記述がある。すなわち、半平は「其生質慳貪《けんどん》邪見にして殺生を楽み」としていたが、熱病をわずらって遂に息絶えた。しかし、体に温かみがあるので葬式を行なわずにいると、三日後に蘇生した。彼は「日頃殺生罪の報いにて」地獄に堕ち、種々の苦しみを受けるが、高僧が出現し、阿弥陀如来の「いささかの縁」によって人間に帰してやるといい、半平が平素存在を疑っていた極楽もみせて貰うというのである。

この他にも殺生をふくむ五悪を冒せば地獄に堕在するという記述は、説教節や口説唄などに多数みられ、のちにみる堕胎・間引きの教戒書にもみるところである。

堕胎・間引きの防止活動

真宗教団および僧侶の堕胎・間引き防止についての具体的活動をみよう。高橋梵仙『日本人口史之研究　第二』によれば、一九世紀の初め、仙台領の真宗僧教念は、陸中遠田郡涌谷村を中心に堕胎・殺児の風習を矯正し、貧児の養育にあたったことが紹介されている。教念は、堕胎しそうな人に「仏法の理解を以ては、翻《ひるが》えさせ」、幾百人とも数知れないほどの人を助け、なおも「押殺」しそうな場合は、その子を生ませて貰い受け、彼の生涯に五三人を育てたという。

また、江華島条約締結後、奥村円心（肥前の真宗僧、愛国婦人会を創設する奥村五百子の兄）は、東本願寺より府山に派遣され、朝鮮開教にあたった。徳川時代に府山に倭館をおき朝鮮貿易にあたっていた対馬藩では、貿易の衰退による経済的困窮のため、領内で堕胎が行なわれていた。円心は、堕胎の矯正を依頼され「懇々話諭せし処、遂に此癖を止むるに至れり」とのべている。

高橋梵仙の前掲書は、堕胎・間引きの教戒書についても紹介する。そのなかで「産育和讃」「子そだて和讃」は、文中に「朝夕念仏唱えつつ」とか、「南無阿弥陀仏あみだ仏」と記していることなどより、真宗僧侶の著作とみてよかろう。両和讃とも「子孫繁昌する事は　此世に殺生せぬゆえぞ」とのべ、また「宿世の縁にてやどる子を　おろしころせし罪

のほど　閻魔《えんま》の訶責《かしやく》に返答も　なくも涙の血をしぼる　それより地獄の責苦こそ　詞もこころも及ばれず　紅蓮焦熱大叫喚《ぐれんしようねつだいきようかん》　名を聞だにもおそろしや」とのべている。さらに同書に紹介される「堕胎の戒め」は、堕胎を行なえば、「其悪報競い来り、我命を失うに至り、永世悪趣にしずみ、千鉾に身をつらぬき、苦悩かぎりなかるべし」と地獄の恐怖についていう。著者は「山口県下真宗僧阿岐三恵」とある。三恵は、下関明円寺の僧で明治初年に活躍した人である。

文化期秋月藩では、生子養育と堕胎防止に努めるが、「諸国一統生子養育の儀は、以前大公儀（幕府）より京都本願寺え教解の儀を仰付られ、諸国寺々教導いたし候様、本山より申付これあり」とし、真宗寺院が中心となって教導にあたっている。また松江藩も幕末・維新期に、松江の徳専寺・本誓寺および飯石郡吉田村の円寿寺の各真宗寺院に命じ、「子返し御教示」を担当させている。

さて、一七九一年（寛政三）、寛政改革にとりくんでいる幕府の命をうけた西本願寺は、真宗寺院率一〇パーセント未満の門徒劣勢地帯である関東地方の門徒たちに、大要次のような教誡を発している。

(イ)まず関東地方において間引きの行なわれている状況を教誡し、間引きの行為は地獄に堕ちると諭している。「然るに近頃聞、関東某々の国に、吾子両三人もあれば、其後に生ずる子をまびくとやらん名けて、始めて日月の光を見るものを、情なくも殺害し捨る者、在々処々にこれ有る由、実に聞に堪がたきありさま、これ畜生にも劣れる怖《おそろしき》敷仕業ぞかし、（中略）殺生するものは短命の因となり、多病の報を受け、未来は必らず地獄に入るを仏も説給えり」。

(ロ)ついで目連《もくれん》尊者の故事をのべ、「堕胎の毒薬」を与えたものすら恐ろしい餓鬼となるとし、「況《いわん》や自子を殺害するものおや」と、西本願寺自らが堕胎・間引きに対する業報の恐ろしいことを説いている。

(ハ)そしてこのような悪事をやめ、弥陀を一心に頼み、その摂取にあずかるよう真宗の教義が展開される。

(ニ)最後に、このような「悪事をなす門徒」は「門徒の列を離し申すべく候」としている。以上のようであるが、(ハ)において西本願寺は、年々の重税と凶作飢饉に苦しみ、堕胎・間引きをえらぶ関東の封建農民の宿業をそのまま認めて、このような悪人のために弥陀への信仰とその救済をとくのでなく、間引きを行なうような悪心を改めたうえで弥陀の救済が保証されるとしている。また、(ニ)については、蓮如以来、本願寺法主は「如来の御代官」として君臨し、門徒は、本願寺—自己の旦那寺である末寺の系列に属することで往生が可能であった。逆にいえば、この系列である「門徒の列」から追放されれば往生は不可能で、地獄に堕在する外はなかったのであり、この文言は門徒に盤石の重みをもつものであった。

西本願寺による堕胎・間引き防止についての教諭は、明治維新後も続けられる。一八七一年（明治四）、西本願寺は維新政府の政策にそい奥州六か国の門末に対し、堕胎・間引きを行ない「若《もし》なおあらためずして王法の禁令を犯さば生ては至仁の叡慮にそむき、死しては堕獄受苦の報をうけ」るとしている。一八七五年にも豊前国門葉中に消息を下し、「呱々《ここ》餓に泣くの乳児をして空しく露命を草蒼《そうそう》の中に落さしむ」「棄児の醜風を一掃」するよう教諭している。

門徒における殺生忌避の観念

一般に仏教諸宗派は各種の精進をすすめる。ところが真宗篤信地帯ではこのような精進一般よりも一歩進めて、(イ)堕胎・間引きを忌避し、(ロ)さらに一部門徒は養蚕＝殺蛹を忌避し、(ハ)家畜・家禽飼育から鳥肉・鶏卵の食用をも忌避したのは何故か。門徒の殺生忌避にいたる精神的基盤にまで立入って検討しなければならない。まず門徒における殺生忌避の観念とエートスがどのようにして形成されたかをみよう。

(a)安芸国有田村の立川家は、一九世紀初めの家訓において、本文一一か条の最初に、「一、魚鳥獣の類すべて生類無益の殺生致す事なかれ」と記している。

(b)美濃国上真桑村の福田家家訓は、「一、殺生禁制は申に及ばず、たとえ求めたりといえども生ある者並に鳥の卵などは料理にも遣うべからず、且《かつ》放生施行常に心懸候えば、家長久の基と存候えば、きっと相心得申すべき事」としている。

(c)能登国新保村の西屋は、家憲において「人の性により鳶商《とびあきない》(問屋と仲買間の仲介をし手数料をとる商人)を望み或は猟業望む仲間に加り度き者は我家の秘伝家法を破ると知るべし……必々生きたる者の命取事決して子孫繁昌仕つらずと知るべし」とのべている。

(d)明治初年における越中国利賀村南大豆谷道場の「念仏行者心得か条」には、「稼職に非ざる殺生を致し申す間敷事」と記している。

(e)明治初年大隅国垂水《たるみず》を中心とする八郷の地頭職に任ぜられた高崎正風の事歴談には次のような記事がある。すなわち、同郷には古来より堕胎・陰殺の悪習があったが、肝属《きもつき》郡の一寒村海潟村には右の悪習がなく、その事情につきたずねたところ、同村の老人は次のようにいう。「我等祖父のころひそかに一向宗の門徒に帰依したることありき、其ころ僧の説教に、鳥獣虫魚の微物と雖も、生あるものを殺さば極楽往生成し難し、いわんや堕胎・陰殺などを犯すものにおいておや、忽ち無間地獄に堕つべしと誡められしをもって、爾後藩禁により止むことをえず、一向宗は脱したれども、内心ひそかに同宗の帰依者なれば、今に至るまで決して行なわずと」。

以上によってみると、(イ)稼職にあらざる殺生を避けること、(ロ)殺生は家の長久・繁昌の妨げとなること、(ハ)殺生、とくに堕胎・間引きは地獄に堕ちる因となることなどの観念をもち、それが門徒における殺生忌避のエートスを形成していたと理解される。

それでは、わが国近世の三大門徒地帯でありながら、真宗信仰の形式化・空洞化が進み、近世中後期に堕胎・間引きが行なわれ、大規模な人口減少のみられた近畿門徒地帯においては事情はどうであろうか。ここでは真宗寺院が殺生忌避を積極的に教示したり、堕胎・間引きの防止活動を積極的に行なった事例を見出すことができない。また門徒における殺生忌避の観念も以下にみるように他地域のそれに比し性格を異にしているようである。すなわち、ここで取り上げる大和国御所町の浅田松堂は真宗門徒でありながら、八幡様や弁財天の信仰を持っている人物であり、彼が「家用遺言集」でのべる殺生観は、鳩・鳥の類にとくに強く現われており、それは浅田家と特殊な「子細」をもつ八幡様信仰に由来する部分が大きいと思われる。

近畿門徒地帯では、近世の比較的初期から諸宗教・諸思想の相対化が進み、弥陀一仏に絶対帰依する真宗門徒は少なく、それがまた強力な殺生忌避、したがって堕胎・間引きを忌避する精神的基礎を欠いていたと思われる。

殺生忌避の宗教心理

それでは篤信地帯の真宗門徒が殺生を忌避する観念はいかにして成立したか。その心情・心理面にまで立入ってみよう。

親鸞は『歎異抄』において、「また海・川に網を引き釣をして世を渡るものも、野山に猪《しし》を狩り、鳥をとりて、命をつぐともがらも、商《あきない》をし、田畠をつくりてすぐる人も、ただおなじことなり」とし、従来、殺生＝悪業とされた猟漁の職業も、道徳的に卑賤なものとされた商業も、人間の宿業のなせるわざとし、弥陀の功徳によってそれ自体往生には差し支えないものとした。

しかし、近世真宗にいたると、その教義は雑行雑修《ぞうぎょうざっしゅ》（念仏以外で浄土に往生しようとしたり、念仏以外の行を修めること）の排除と他力信心という真宗の本来的な理念と、幕藩体制が要請する勧善懲悪的な民衆教化を取り入れた現実的な教義との二つの面をもった複雑な統合物に変っていく。そして弥陀一仏への信仰を説く手段および門徒統制の手段として、地獄の恐怖が説かれるとき、人々は悪に対する深刻な反省と自己規制を生み、現世において悪業を排除し地獄への因を除こうとはかる。しかし、「それを（往生の）力に、するではないぞ」といわれるとき、こうした行為は仏恩報謝の行という美しい衣裳をまとって行なわれる。宗教心理学的にみた補償行為と、宗教学的にみた敬虔な宗教行為（仏恩報謝の行）とは、多くは視点の相違にすぎないようである。

門徒にとっては、殺生の忌避は仏教が説く生きとし生けるものへの一般的な慈悲の心であるとともに、より直接的にはその業報による地獄への恐怖であり、両者はメダルの裏表である。しかし地獄への恐怖のほうがその与える心理的影響においてははるかに大きかったといえよう。大隅国海潟村において、禁教後も「内心ひそかに同宗の帰依者」であったものたちが、かつて「僧の説教に、鳥獣虫魚の微物と雖も、生あるものを殺さば極楽往生成し難し、いわんや堕胎・陰殺などを犯すものにおいておや、忽ち無間地獄に堕つべしと誡められ」ていたと述懐しているのは、こうした真宗門徒の心情を示すものである。

親鸞は加持祈禱のような現世利益のための呪術《マギー》を禁じ、また世俗の営為の妨げとなる禁忌《タブー》を排除した。しかし、自力と他力の統合体である近世真宗が成立したとき、祈禱という呪術の禁止は守られたが、殺生忌避の禁忌はまえよりも強く再生された。近世末期の経世家であった正司考祺（こうき）が、その著『経済問答秘録』でいうように、「門徒は決して祈禱を致さず、又殺生を禁ず」という状態である。それは近世真宗の特質によっており、また真宗門徒の深い信仰と結合しているため、彼らの抜きがたいまでに血肉化したエートスとなり、社会経済的諸活動にさまざまな影響を与えるのである。

歴史における逆説

近世社会史あるいは近世宗教史において、真宗門徒における殺生忌避を課題とし、具体的に検討した業績を知らない。それは主に、親鸞の教義、とくに「猟漁をもせよとある御勧化」とか、真宗の原則ともいうべき「肉食妻帯」などを観念的形式的に理解し、理念や原則と歴史の現実がかけ離れていること、時には逆転すらみられることを理解するに至らなかったからであろう。

しかし、歴史において理念と現実のしばしばかけ離れていることを承認したうえで、子細に真宗篤信地帯と非真宗地帯を観察するとき、両者の間にさまざまな差異のあるのに気付かされる。たとえば最も典型的にみるとき、真宗寺院率のきわめて小さい北関東諸国や美作国が人口の減少に悩まされ、堕胎・間引きの禁令がしばしば出ているのに、真宗篤信地帯である北陸諸国や安芸国で人口の増加がみられ、これらの禁令のみられないことである。この場合、北関東諸国と北陸諸国との間に、また美作国（人口指数八五）と安芸国山間部（人口指数一二〇〜一三〇）との間に、農民の生活状況などにおいて決定的差異はあるまい。とすれば、自らの生存を図《はか》って堕胎・間引きを行なうか、自らの生存を賭《と》して、なお堕胎・間引きを忌避するか、両者を分つポイントは信仰とエートスの質的な差異にあるように思われる。そして、その結果はきわめて逆説的であり、前者は「農村荒廃」をまねき自らの生存基盤を狭いものにし、後者は「家業はげしき国風」を形成し生存基盤を拡大するのである。

出稼ぎと行商

出稼ぎの諸相

出稼ぎ・移住型の経済活動

真宗篤信地帯では堕胎・間引きをせず、人口の増加をまねいたが、このことは、この地域における農民層分解を特徴的なものとしている。いま旧国別における男子の有業者人口を農・工・商・雑業・雇人の五種に分類した明治初年の統計によってみると、真宗篤信地帯である北陸の越後・能登・加賀および西日本の安芸・周防・長門・筑前・筑後国などは、農業従事者の比率が全国平均よりもほぼ一〇㌫以上も低く（したがって農業以外の有業人口の比率が大きく）、相対的に脱農化の進行している地帯といえる。

また、これらの地方がしばしば、大工・木挽・屋根葺・鍛冶・桶職・石工・左官など職人の多いのも、上記の農業以外の有業人口の比率が大であるのと符合している。

すでにみたように、真宗篤信地帯の民衆は、(イ)一般的に勤勉を特徴とし世俗の営為に精励していた、(ロ)加えて、間引きの忌避による人口の増加をきたし、(ハ)しかもその相対的に過剰な人口を吸収しうる地域産業の発展が十分でないために、この労働力は地域外に向かい、出稼ぎ・行商・移住・移民などの特徴的な経済活動として展開されるのである。しかも、それは量的に多いのみならず、禁欲のエートスをもっており、質的にも高いものとして展開されていたことは以下にみるとおりである。

新潟県（越後）からの出稼ぎ

徳川期越後からの出稼ぎ・行商には、角兵衛獅子・毒消し売りなどじつに多い。江戸の俚諺《りげん》に「頼まれれば越後からでも米搗に来る」とか、「江戸の米搗は越後の男」といわれたように、徳川中期以降に越後から江戸をふくむ関東各地に多数の出稼ぎ人がきており、地元越後ではこの出稼ぎを「関東稼ぎ」と称していた。こうして越後から人口の減少していた関東各地や東北地方に大量の出稼ぎが行なわれていたのである。

越後国頸城《くびき》郡柿崎・吉川地方、刈羽郡小国地方、蒲原郡寺泊地方などから、一九世紀初ころより多数の杜氏《とうじ》が関東稼ぎとしておもむいた。越後の杜氏は出稼ぎ先で信用をえて、酒造家の養子となったり、のれん分けや酒造株の買入れなどで酒造家となったものもある。一九世紀中ころには関東の越後酒店は一五〇軒ほどあり、越後の杜氏・酒男が約一〇〇〇人も働いていたという。酒造は、いわゆる「百日稼」とも称される典型的な冬期作業で、しばしば気心の知れた同郷人で杜氏チームを作り、蔵人のもとに七種の職階に編成され作業にあたった。この作業は、重労働であるが、蔵人の監督下に生活するので浪費がなく、後年産を成したものが多く、概して酒造出稼ぎをする農家は裕福であったといわれる（佐藤元重「越後杜氏の研究――積雪地農村経済史の一駒――」）。

その他「越後屋根屋と雁《かり》かねは秋に来りて春かえる」といわれた屋根葺とか、石工なども農閑期を利用した冬期に労働の多い職種であった。

一般に積雪の多い越後・越中などの北陸地方から関東地方などへの出稼ぎは、「冬奉公」と考えられているが、冬期の労働力需用には限界があり、冬期には帰郷して郷里で過し、春の雪解けをまって出稼ぎにおもむく大工・木挽などの職種に従事するものも多かった。蒲原郡沿岸部の半農半漁の村々などには、とくにこのような出稼ぎ人が多く、同郡角田浜村では一九世紀中ころに、男子人口の推定二割が大工・木挽として北関東・江戸・陸奥などに出稼ぎしている。一八五二年（嘉永五）の場合、彼らはほぼ旧暦三月初ころに関東にむけ出発する。「尤も今雪折々降り候えば三国通り恐れ信州え回る」と記され、そして一二月初めころ、「風間々に雪、上州（上野国）行き木挽・大工少々帰国す」とされ、同月二二日までにこの年の帰国は終っている。

近代にいたると、出稼ぎも徐々に変質し、伝統的な関東稼ぎや奥州稼ぎの他に、新しく男子の北海道への出稼ぎや、女子の養蚕婦・製糸工女・紡績工女などが加わり、出稼ぎ先・人員ともに拡大して日本一の県外出稼ぎ県となるのである。

富山県（越中）からの出稼ぎ

徳川期富山県域からの出稼ぎ・行商には、松前稼ぎやのちにみる越中の売薬行商など多様である。明治期に入ってからも同県からの出稼ぎは各種多様におよんだ。一八九六年（明治二九）一一月横山源之助は、『毎日新聞』に同県からの出稼ぎにつき次の記事をのせる。

本年伏木港より二万の出稼人は北海道に赴けりと、中には漁夫もあるべし、職人もあるべし樵夫もあるべし無職者もあるべしと雖も、最も多数なるは農民なりしとなり、之に岩瀬魚津の各港湾より北海道に出ずるものを数え、併せて信州、飛驒、群馬、足尾銅山に赴けるを加えば更に伏木港より出でたる数に倍するものあらん、或は農暇を択《えら》んで冬より春の間出ずるあり、夏の半ばより秋の初三か月を期として出るものあり、或は一か年若《もし》くは二か年の間出ずるもあり、飛驒足尾に赴くは鉱山の坑夫若くは人夫たらんがためなり、群馬信州に赴くは茶、麦の耕作若くは養蚕の手伝に傭われんがためなり、而《しか》して北海道に赴く農民は即ち田地の耕作、漁夫は多く鯡《にしん》捕に従わんがためなり。

横山は上記の文で、北海道への漁夫・職人・樵夫・無職者、岐阜県神岡・栃木県足尾への鉱夫、群馬・長野県への茶摘み・麦収穫・養蚕手伝をあげる。北海道・東北地方への漁夫の出稼ぎは、下新川郡からの出身者が過半を占めていた。明治中後期における足尾鉱山の鉱夫出身地につき、「十中八九は他国の人なり、……越中・越後・加賀を以て、其の大多数を占め」と、越中をはじめ北陸門徒地帯があげられる。一九二〇年（大正九）における足尾鉱夫の原籍調べは表6のようで、富山県出身者は一三九三人（一六・六％）で、地

表6　足尾鉱山鉱夫原籍調

（1920年）

府県	鉱夫人員	同百分比
栃木	2,227人	26.5%
富山	1,393	16.6
群馬	799	9.5
新潟	718	8.5
福島	451	5.4
秋田	317	3.8
茨城	314	3.7
福井	276	3.3
石川	265	3.2
長野	203	2.4
その他	1,443	17.2
計	8,406	100
北陸4県	2,652	31.5

注　『入善町誌』993頁「足尾鉱業所鉱夫原籍調番附」による．

元栃木県についで第二位に位置している。富山県以外でも新潟・福井・石川の北陸門徒地帯の三県も上位一〇位以内に入っており、足尾鉱夫の三一・五㌫は、北陸四県出身者で占められていた。

『入善町誌』によれば、群馬県への麦打ち出稼ぎは次のようである。

〝麦打ちに上州へ〟とはいうが、上州全域ではなく、ほとんど安中（群馬県安中市）へである。……富山県のほかに新潟県・長野県からも行った。上州では、こちらの人を越中さんと呼んだ。越中さんは、働くことについては他の追従をゆるさず、働きのうすい信州ものとの間に、労賃の開きがあった。賃金は越中さんは最もよく越後ものは中、信州ものは下だったということだ。とにかく、越中さんは、しんぼう強く、黙々とよく働くので、安中ばかりでなく、高崎でも足尾でも、とても評判が良かった。働き者の越中さんは、むだづかい一つせず、粗衣粗食に甘んじ、人のいやがる仕事や重労働にもよく堪え忍んだ。すなわち、下級労働に向いたので、とても重宝がられた。……このようなわけで、現地に移住する足がかりができ、移住者がまた移住者を呼んで、安中に越中移住者の集落ができあがった。

「越中さん」にみられる勤勉・節倹・忍耐などの徳性は、すでにみたように真宗門徒が信仰をとおして身につけていたエートスであった。

関東稼ぎの性格

一八三六・三七年（天保七・八）の大凶作・飢饉をうけ、幕府の人返し令・出稼ぎ禁止令が準備される時点で、諮問《しもん》に応じて提出された幕府郡代・代官の意見書には、人口の増減、出稼ぎの性格、手余り地の有無などにつき注目すべき地帯性を示している。

幕府郡代寺西蔵太は、雪国で冬期に出稼ぎにいく越後・信濃では手余地もなく、出稼ぎ人は、春には帰郷して農業を勤めるので「真の良民」であり、飢饉などでも江戸において公儀の厄介になるものではないとする。そして寺西は、冬方出稼ぎにおもむく地方と、注意深くも「其外人数多の国々にて手余荒地の憂いこれなき国々」をあげ、これも前者に準じて取り扱い、これらの地方の出稼ぎを制限することは出稼人の送出、受入れ地の双方によくないという。これに対して、下野・下総・常陸・陸奥などの人別不足、荒地のある国々は厳重に取締るようにいう。寺西はここで、冬間に出稼ぎにでて春に帰郷し「本業を相勤」るもの、および冬間の出稼ぎでなくとも「手余荒地の憂いこれなき」越後・信濃の人民のような「真の良民」と、「人別不足」「荒地これあり」、かつ「生質惰弱にて農業を嫌い他国仕」る関東・東北地方の農民とを対比し、きびしい出稼ぎ制限の対象者としているのは後者についてである。

他の代官も、越後国三島・魚沼・頸城郡につき、土地不相応の人口をもち、農業に出精してわずかの空地もなく、住民は他国への出稼ぎで「夫食を伸ばし」賃銀をえて生活しているとし、これに対し、関東その他奥州辺は手余地の多い土地であると、両地方を対比し、後者を人返し令の対象地とするよう要請している。

こうした事情は、越後以外は幕領がきわめて少ないため、幕府郡代・代官の上申書にはとりあげられていないが、他の北陸門徒地帯からの出稼ぎについても同様であろう。のちにみるように、寛政改革以来、堕胎・間引きの風習をもたず、「家業はげしき国風」を形成する北陸門徒を入百姓として招致し、関東・東北地方の荒廃した農村の復興にあたらせた経験をもつ幕府地方《じかた》役人などは、新しく立案する天保人返し令や出稼ぎ禁止令の対象となる者を、東日本の地帯性のなかに正しく認識していたのである。

広島県（安芸）からの出稼ぎ

岡山県の中北部一帯に「安芸者《あきもん》」という言葉が広く残っている。「安芸者」とはどのようなものを指していった言葉か。

備中国川上郡吹屋村は、一八世紀初めころから良質の弁柄《べんがら》（塗料・染料）を製造し、全国各地に販売していた。同地の片山家は、弁柄製造の釜元であり、多数の奉公人を雇って製造にあたっていたが、一八五八年（安政五）における二九人の奉公人の出身地は、地元備中国の出身者一〇人に対し、残り一九人は隣接する備後国を飛び越し、安芸国六郡九か村からの出稼ぎ人である（藤井弘一郎「近世後期備中吹屋弁柄の研究――仲間制度と流通を中心に――」）。

備前北部地方への出稼ぎも多かった。『広島県史』民俗編には次のような記述がある。

岡山県御津郡加茂川町のうち旧円城村という高原の村では、明治初期、戸数二六三戸のうち養子に入っているものが一一〇人あり、そのうち安芸の者が二二人、備後の者が五人にのぼっていて、養子の二四・五パーセント《パーセント》をしめているのである。（中略）文久三年（一八六三）に同じ円城村の小森というところへ稼ぎにきていた安芸の者が一〇人いた。この人たちは小森の在所の山仕事を請けて働きにきていたものであり、山の木を伐り出すための木挽であるとともに、家をたてるための家木挽であって、この頃から農家の建物がりっぱになってきたという。

その他「作州津山稼」として、津山の鍛冶・津山周辺の銅山夫・木挽などにも従事していた。また、天保の大凶作・飢饉の時に美作国大庭《おおば》郡久世村に安芸国から一八家族三九人が流民としておもむき、同地の流民引受人の名子となり村惣作地の耕作にあたっている。

「安芸者」とは、このように安芸国からこの地域への出稼ぎ者、それらが縁で養子・婿などとして入籍した者、凶作・飢饉などで流浪し、流民＝名子として定着した者などの総称として用いられた言葉であるように思われる。一七二一年から一八四六年の間に約一五パーセントも人口の減少した美作国をはじめとして、人口の減少していた岡山県の中北部では、人口増加地帯で、誠実かつ働き者の多い「安芸者」をこのような形で受入れ、労働力の減少をカバーしていたのである。

　安芸国の人々の出稼ぎ先は、その他にも西日本の各地におよんでいた。安芸郡熊野村の人々は大和方面の杣《そま》（杣人＝木を伐る人）・商人などとして出稼ぎし、のちには樽丸師（樽板作り）として働き、女子も樽丸を背負って運搬した。また、一九世紀初めころから沼田・山県・佐伯郡東部の人々が大和国吉野・宇陀・多武峯《とうのみね》などで木挽などとして働いていたことが知られる。

　それでは出稼ぎ人を送出する村の事情はどうであろうか。一八一九年山県郡穴村の事情は次のようである。

　全体、当村の儀は山高く不平《ふたいら》にして隠地《おんち》勝にて作物熟しがたく一統困窮の村方、其上人数多き村柄にて農業少にては渡世つかまつりかたくにつき、農間には荷稼・塩焇《えんしょう》煮《に》渡世の者備後・備中・作州方角その他萩御領（周防・長門）までも稼ぎに罷出る此分おおよそ二歩方。なお又諸職人おおく杣・木挽などは御当国はもちろん九州・四国そのほか大和・河内の辺へも罷越相稼ぎ、その余力をもって妻子を育み来申候ものおおよそ三歩方。

同村では農民のおおよそ二〇㌫が農閑に出稼ぎをし、三〇㌫が職人として一年を通して出稼ぎしているという。

安芸国のこれら出稼ぎ人に共通することは、彼らの多くが杣・木挽・大工・樽丸師・屋根葺・石工・唐臼直し・塩焇煮などの専門的・半専門的な技能を身につけていることである。こうして一八一九年の「郡中国郡志　高宮郡の辻」がいうように、「人数土地の分に過」ぎ、村々で処の稼ぎを行なうとともに「他国に稼なとつかまつり渡世の助とは仕候」状態が一般的であったのである。

一八八五年（明治一八）に安芸国は、一農民当たりの耕地面積が一反一〇歩で、全国最下位の志摩国（三重県南部）につぎ下位第二位であった。こうした事情は、明治以降においても安芸国のもつ「出稼ぎの風土」としての性格を変えるものではなかった。むしろ交通・通信事情の発達によって、より大量に、より遠方に、そして、しだいに近代的賃労働者および海外移民への方向を示していく。

山口県（周防）からの出稼ぎ

山口県東部の大島郡は、一八八二年（明治一五）の宗派別寺院率において、第一位が真宗で四〇パーセント、第二位が浄土宗で三二パーセントである。両者合せて住民の八〇～九〇パーセントが両宗寺院の檀家として阿弥陀如来に帰依していたといわれる（青山孝慈「近世周防国における寺院の数的分析――「防長風土注進案」による――」）。一般に真宗の優越する地帯で相当勢力の浄土宗が加わると、兄弟宗派として阿弥陀如来に帰依する信仰が補充しあい、しばしば地域の民衆の信仰心を高めるが、大島郡もそのような好例であり、「神仏を祈り……都《すべ》ては廉直を専らと仕り候」気風が形成されていた。このような宗教的事情に加えて、一八世紀の中ころに「甘藷の伝来」があり、人口保持力を強化し、しかも「ほとんど産児制限がなかった」という真宗的風習のなかで人口は爆発的に増加した。現大島・久賀の両町域では、一七三六年から約一〇〇年間に戸数で二倍余り、人口で三倍余りに増加している。

『防長新聞』の一八八一年九月五日号は「大島郡の景況」と題して次のようにいう。

本郡の人口七万をその方里に平均すれば、一方里七千余人に当れり……田畑の耕作のみにては生計立ち行き難きが故に、男子は大工・石工・日雇稼・船乗等となり、他の地方に出稼ぎし、女子は専ら木綿を織って其の日を凌ぎ来りし……。

ここではまず、「長州大工」の名称で知られる大島郡の出稼ぎ大工についてみよう（坂本正夫「土佐へ出稼ぎに来た長州大工に関する調査研究」）。彼らの活動は、土佐国山間部を中心に一部は伊予・阿波国にもおよんでいた。

土佐へ出稼ぎに来た長州大工は宮大工と家大工であった。宮大工は常日頃から我が身を慎み、仕事中は朝晩禊祓《みそぎばら》いをして六根清浄を唱え肉食を禁忌にしていた。立派な神社・仏堂や彫刻の造れる宮大工になるには、まず自分が立派な人間になることが必要だといわれ、古くは宮大工と家大工の区別が厳格であったというが、明治時代には宮大工が民家建築に従事することが多くなり次第に区別がなくなったという。

長州大工は盆・正月に半年分の稼ぎを集金して帰り、「故郷の家で正月、盆を過ごすと」ふたたび土佐の山中へ出稼ぎに行った。

「長州大工はええ仕事をした」とか、「じってえ（まじめ）な働き者だった」という話をよく聴くが、長州大工は出稼ぎ地の神祭以外は、雨の日も風の日も未明に起きて日が暮れるまで一生懸命働いた。彼等は物腰がやわらかく土地の慣習に素直に従い、村人の求めに応じた仕事をしたので、閉鎖的な山間部の人々に信頼されて受け入れられたのであった。

長州大工は幕末から明治中期ころまでを最盛期とし、そのころから新しい仕事場を求めて他の地方へも行った。西南戦争で火災をうけると熊本に、濃尾地震で被害がでると愛知・岐阜方面へ、関東大震災後は京浜地方へ出かけた。また、都市の膨張につれて西日本各地の都市へ、さらには植民圏へも多数が出稼ぎに行った。

大島郡の石工の出稼ぎも有名である。もともと石垣は、大きな石の間に小さい石をはさみ積み上げたが、この方法は波などにきわめて弱く、波止《はと》の築造は各地ともほとんど見られず、屋敷・田の岸などの石積みとして行なわれた。ところが、「ほぼ一定した大きさの石を斜にからませ乍らつみあげて行くいわゆる亀の甲積」が、「入浜製塩の盛になった頃から潮留の石垣を中心に」行なわれるようになったらしく、元禄のころからこの技術を身につけた大島島民は周防・長門にかけて塩浜築造に活躍し、その名が各地で記憶され、またその地方に移住した人も少なくなかった。

とくに久賀の石工の築いた石垣・波止は、長門・豊前・筑前・肥前の海岸各地に残っている。これらは「石垣に独自のソリをつけ」「波につよく又しぶきの上るのを少なくするのを特色と」した。久賀の石工は潮留石垣その他海岸地方の工事に多く働いていたが、その後、防長の山間へ、ついで中国地方西部から北九州山間の村々へも入込み、棚田の岸を美事な亀の甲積に変えていった。

出稼ぎと地域の経済

徳川中末期から明治初年ころまでにおける西日本門徒地帯からの出稼ぎ・行商には二つのタイプがある。一つは、すでにみた安芸・周防、さらには石見などをくわえた地方の大工・木挽・左官・石工などのように、西日本の各地一帯に仕事をみつけ稼行地に出稼ぎし、盆・正月に帰郷するタイプである。

いま一つは、この地方の農閑余業と結合しながら出稼ぎ・行商を営むタイプである。安芸国高宮郡玖村および周辺の村々では徳川時代末期から下駄・各種道具の柄・栃木《とちのき》地挽《じびき》などの木品加工が行なわれていた。まず原料仕入に農民たちが各地に出かけ「荒地」(荒木・荒木地。伐り出し十分加工していないもの)を調達して帰り、それを村内の居職が仕上げし、製品は行商その他によって売出される。元来、この地方の木品加工は、一八世紀初頭以降に「大和・大坂・石見など、他国へ出稼ぎにいって技術を習得して帰村し、工夫を重ねて郷土産業として定着させた」ものといわれる。

安芸国安芸郡熊野村の製筆業もほぼ同様な事情をたどっている。熊野村の農民が「大和国吉野地方に行って、高野山等の登山者の強力《ごうりき》や紀州熊野川の木材運搬・木挽等の稼業に出かけた。そして帰途奈良地方に産する筆墨を仕入れ、諸国に行商するのが例であった。ここに毛筆と熊野町の結びつきが見られる」とされる。筆墨の商いから天保・弘化ころに毛筆製造に発展し、一八八八年（明治二一）には製造戸数一五七戸・職工三三五人・製品五〇〇万本に達している。ここでは原料の筆毛と筆軸の調達が県内外の各地において展開され、製品はいままでの販売網や行商によって売弘められた。

玖村近辺の木品加工や熊野村の毛筆業などは、出稼ぎ―技術の習得と改良工夫―郷土産業の成立―原料と製品の仕入販売のための出稼ぎ・行商の展開となっている。

近代にいたってもこれらの地域から大量の出稼ぎ・行商・賃労働者がみられたことはいうまでもない。一八九一年（明治二四）刊の『山口県農事調査書』は、大島郡の農民につき「性質概《おおむ》ね善良正直にして且《かつ》忍耐心に富み大に其業務に勉強す、蓋《けだ》し此点に就ては県下第一とす」とのべている。さらに、近畿以西の各地と植民圏に大量の出稼ぎを送った島根県邑智《おうち》郡田所村の人情風俗として、「古来淳朴質素にして、一般に怠惰の風なく家業に精励し、日雇稼、職工等をなすものも自己の仕事をなすと毫《ごう》も差異なく勉励して居る」と称され、また郡内全般についても、「民情概ね淳朴であって、順良加之《しかのみならず》情義に厚く、粗衣粗食に甘んじて克《よ》く勤労に耐え、勤倹貯蓄の美風と隣保保善、吉凶相扶くるの良習」をもつとされる。ここで自他の労働を区別しないとされるのは、自他にかかわらず労働一般を義務とし天職と観念していることの表れであろう。そしてそれは、これらの諸地域の民衆たちが正直・勤勉・節倹・忍耐・相互扶助などの真宗的エートスを保持し、世俗の営為に精進していることを示すものといえよう。

真宗地帯と売薬行商

真宗と売薬行商の結びつき

真宗地帯には売薬行商が多い。近世の中後期から明治期にかけて大小さまざまの売薬行商が各地に発生し、淘汰消滅していったが、真宗地帯の売薬行商は、概して発展し大規模に、しかも長期にわたったものが多い。もちろん、真宗ないし真宗地帯とほとんど関係のない売薬行商の存在することはいうまでもない。

いま全体を概観するために、一八八三年（明治一六）を中心とした府県統計書によってみる。まず、国別にみて売薬行商人五〇〇人以上を出している国は一六か国で、そのうち真宗寺院率四〇パーセント以上の国は、越中・肥後・越後・摂津・安芸・周防・筑前・播磨・豊前の九か国であり、真宗寺院率四〇パーセント未満の国は、大和・武蔵・肥前・讃岐・紀伊・阿波・陸前の七か国である。一八八〇年に真宗寺院率四〇パーセント以上の国は二三か国であるので、売薬行商人五〇〇人以上を出している国の比率は三九・一パーセントとなる。これに対し、真宗寺院率四〇パーセント未満の国は、行商人員不明の三か国を除き四九か国であるので、その比率は一四・三パーセントとなる。

また、郡区段階まで下って売薬行商人員二〇〇人以上を出している場合の真宗寺院率をみると、行商人員二〇〇人以上を出している郡区は二五あるが、そのうち一五は真宗寺院率四〇パーセント以上の郡区であり、残り一〇郡区が真宗寺院率四〇パーセント未満の郡区からである。郡区別行商人員不明の四か国分を除き、全国における真宗寺院率四〇パーセント以上の郡区は二〇七であるので、上記一五郡区は七・二パーセントにあたる。一方、真宗寺院率四〇パーセント未満の郡区は、同じく五〇五であるので、上記一〇郡区は二・〇パーセントとなる。また、とくに五〇〇人以上の大規模に行商人を出している一〇郡区のうち八郡区は、真宗寺院率四〇パーセント以上の郡区からである。

以上の概観は、きわめて形式的なものであるが、これによっても、真宗寺院率四〇パーセントを基準にみると、行商人五〇〇人以上出している国については、三九・一パーセント対一四・三パーセントとな

表7　真宗主要売薬地域の仏教宗派

売薬名	国名	郡区名	明治16年行商人員	寺院率		
				第1位	第2位	第3位
			人	%	%	%
越後毒消し売り	越後	西蒲原	279	真72.8	曹 12.9	言 9.2
富山売薬(越中売薬)	越中	上新川	8,005	真76.9	曹 7.3	日 5.4
		射水	515	真76.7	曹 8.5	言 5.3
		礪波	182	真89.4	日 17.5	曹 4.6
		婦負	159	真81.0	曹 10.8	日 5.1
伊佐売薬	長門	美祢	281	真84.5	(浄・曹5.2)	
田代売薬	肥前	基肄	746	真70.0	天 15.0	臨10.0
		養父	216	真79.0	(天・浄・臨・曹5.3)	
熊本売薬	肥後	熊本	436	真55.4	浄 18.5	曹11.5
広島売薬	安芸	広島	507	真51.8	浄 13.9	言12.4
		安芸	142	真88.4	言 4.7	(臨・曹・日2.3)
		佐伯	112	真70.2	言 11.7	浄 7.5
		沼田	109	真96.2	曹 3.9	0

注　浄は浄土，天は天台，臨は臨済，真は真宗，言は真言，曹は曹洞，日は日蓮の各宗派とする．

り、行商人員二〇〇人以上を出している郡区については、七・二パーセント対二・〇パーセントとなる。両者ともほぼ三対一の割合で、真宗寺院率四〇パーセント以上の国および郡区の方がその密度において高い。

真宗地帯と売薬行商の親和性（結びつきやすい、相性がよい）という、上記のような事情はどのような理由によるものか。その理由を検討する前提として、表7に真宗主要売薬地域を示し、その中から三つの地域を選んで売薬行商の実態をみよう。なお、表示の他に当時の有名売薬として、(イ)近江の甲賀売薬、吉野の陀羅尼助《だらにすけ》売り、(ロ)大和売薬、近江の日野売薬などがある。(イ)の両者は、それぞれ甲賀の修験《しゅげん》、大和大峯山の修験と結合したものであり、(ロ)の両売薬は、基盤となった地方がともに真宗と浄土宗の信者の多い地域である。

また、一般に、前近代の売薬業はさまざまな霊験譚《れいげんたん》や英雄譚で粉飾《ふんしょく》されているのが常である。こうした粉飾をとりはらってその基盤と実態を合理的に検討しなければならない。

越後の毒消し売り

毒消丸《どつけしがん》の製造元である蒲原郡角田浜村の真宗称名寺（のち巻町に移転）の寺伝によれば、称名寺の住職慶順は霊薬が与えられる夢をみた。その後「一人の難渋せる旅僧が宿を乞うたので歓待し、数日看病したが、旅僧は全治の謝礼にと霊薬一包を差出し、その秘法を明らかにして立去った」という。旅の僧は、民間では肥後の遍路と伝えられる（毒消丸は肥後熊本売薬の中心薬）。

当初称名寺の非営業的な施薬であったと思われる毒消丸が、寛政ころから弘化・嘉永ころに、近辺の寺・医者などに製造販売する権利を与え、明治期に入ると丸薬製造器の伝来もあり、製造量も増加し行商隊を各地に送って販売につとめ大いに発展した。売薬行商の中心となった西蒲原郡の海岸部村落は、半農半漁の寒村であり、真宗篤信地帯として間引きをせず人口増加が著しかった。このため、前節でみたように男子は早くから大工・木挽などとして出稼ぎし、女子もわかめの行商の傍ら毒消丸を売っていたが、明治末年ころから毒消丸の行商が独立した業務となった。

毒消し売りは、親方・弟子のもとに一〇～二、三〇人の行商団体を組織し得意先を廻った。ただ越中売薬業と異なり現金売りであった。売り子は年頃の娘のみで構成されているので、風紀に関してはとくに厳しくした。越中の売薬行商に対抗し毒消丸の販路を拡大しえたのは、(イ)毒消し売り娘が品行方正であったこと、(ロ)薬の効能に誇大宣伝をしなかったこと、(ハ)薬の信用維持のために売子連は年々紺絣《こんかすり》の着物に手甲脚絆《てつこうきやはん》の同じ服装で行商に出たことなどがあげられる（小村弌「越後の毒消し」、佐藤元重「寺と薬」）。

越中の売薬

越中売薬の中心となる反魂丹《はんごんたん》は、慶長年中に備前の名医万代浄閑（常閑）より富山で製法を伝授されたとする説と、一七世紀の後半ころ第二代富山藩主前田正甫《まさとし》の時代に正甫の近習が長崎で伝授されたという説とがある。そして後者の説から、正甫が江戸城で同僚大名の急病を所持していた反魂丹で救い、諸侯に要望されて「此薬を各州え差遣し売弘め」たとし、越中売薬のスタートが説かれている。

それはともあれ、越中の売薬業は、一八世紀初めころに独特の置薬方式とそれに伴う行商圏が成立していく。すなわち、越中売薬業は各地に行商人を送り、反魂丹・奇応丸など数種の薬を得意先にあずけ、翌年に使用分の代金を受けとり薬を補充するのである。そしてこの得意先の区域を懸場・配置先の人名・薬品名とその数量などを記した帳面を懸場帳といい、商人の動産となり売買の対象・担保物件となった。そしてその後、行商人を地域別に編成した組と、さらに小組織の向寄《むかいより》という自藩や旅先藩との交渉にあたる単位が成立する。また行商人は経営者である帳主と雇われた売子あるいは連人《つれにん》と称されるものから成立していた。

当初は富山城下と上新川郡の富山藩領から始まった売薬行商は、しだいに加賀領に拡大していき、推定慶応・明治初年ころに富山領で二二組二二二〇人が数えられ、これに加賀領から三～四割が加わったと思われる。明治期に入り売薬行商の規模は拡大し、一八九〇年（明治二三）に六六〇〇余人、一九一〇年には九五〇〇余人となっている。

さて、坂井誠一は売薬行商の実情につき次のようにのべている（「越中富山の薬売り」）。

旅立は普通、春秋の二回行なわれた。帳主と称する経営者が単独で出かけることもあったが、得意先の多いときは数人の連人を雇って出かけた。彼らは仲間組あるいは向寄において集団的に一定の日に出発することになっていた。現地に着くと、帳主も連人も一定の土地の定宿に滞在し、そこを根拠にして一人ずつ得意先を訪れた。……出発と帰宅のときは帳主が連人を招いて酒宴をはり、家族や親類の者も集まって労をねぎらう風習があり、留守家族の生活は一般にきわめて質素である。

なお行商人は一二月に帰郷し、翌年春の旅出まで製薬に従事し、彼らの販売する商品の主要部分が彼らの冬期労働によって生産されていた。

富山藩は「旅先諸心得」を発し、売薬業者も組・向寄でそれぞれ仲間の「示談」を申し合せて遵守《じゅんしゅ》し売薬業の永続をはかっていた。いまその主な条項をあげれば次のようである。

(イ)薬業の内容を他国人に洩さぬ、(ロ)他国でのトラブルを避ける、(ハ)自藩および旅先藩の法令を守る、(ニ)重置《かさねおき》(同業者との二重配置)などを禁止し同業者間の競争をさける、(ホ)仲間内の相互扶助につとめ規則を守る、などである。そして越中売薬商人はこれらの事項を概ね遵守し長く越中売薬業の名声を維持発展させたのである。このようにして、わが国最大の売薬業を持続させたが、その精神的基礎は越中門徒の真宗的な論理とエートスであり、仲間規則などの遵守にくわえ、丹念な帳簿の記入などの合理的方法によるものといえよう。

肥前田代の売薬

筑前と筑後の国境の分れる処に肥前国の東北部が入りこんでいる。同地の基肄《きい》郡と養父《やぶ》郡東半分は、対馬藩飛地(一万石余)で田代領と呼ばれている。肥前国全体の真宗寺院率は高くないが、基肄郡は七〇パーセント、養父郡は七九パーセントできわめて高率である。同地方に徳川中期ころから奇応丸を中心とする売薬業が成立し田代売薬と呼ばれていた。

藩は一七八八年(天明八)売薬業者を五〇株五〇人とし、運上銀を徴する。この時点で売薬業は「御領内第一の御国産と相成」といわれている。その後、幕末期に八〇株前後となり明治を迎える。このころ田代売薬の行商先は、肥後・肥前・日向以北の九州中北部一円を中心に一部中国地方西部におよんでいる。行商総人数は一三五人で九州中心のローカルな売薬業といえよう。

さて、田代地方は真宗篤信地域で、現世利益を求める加持祈禱を排除し、医術・薬剤を通して傷病を治療しようとする気風が強かった。同地方は一八世紀中ころに人口一万人に七・一人の医者をもち、一八七四年（明治七）に人口約一万人に二六人の医者をもっていた。ちなみに、一八八三年に医師は全国平均で人口一万人に二・三人であり、田代地方では、ほぼその倍の人員である。このような医薬尊重の合理的精神が薬業の継続維持をもたらし、これに人口増加による過剰労働力の就業機会と、真宗門徒特有の「風俗倹勤にして労力に堪ゆ」る気風とが結合して売薬行商が成立したと思われる。

以上の検討をふまえ、本節の冒頭でのべた「真宗地帯と売薬行商との親和性」ということがいえるのかどうか、いえるとすればどのような理由によるものかを検討しよう。

医薬尊重の合理的精神

まず答えうる第一点は、真宗篤信地帯の民衆が伝統的な加持祈禱を排除し、医薬によって傷病の治療をはかった点である。戦国末期から廃藩置県にいたるまで真宗を禁制としてきた肥後人吉地方の領主相良家の「申定条々」（一五五五年〈天文二四〉制定）に次のような注目すべきか条がある。

一　他方より来り候ずる祝《はふり》・山伏《ぶし》・物しり、宿《やど》を貸《か》すべからず候。祈念等あつらうべからず。一向宗基《もとい》たるべく候。

一　一向宗之事、いよ〳〵法度たるべく候。すでに加賀の白山もえ候事、説々《せつせつ》顕然に候事。

一　男女によらず、素人《しろうと》の祈念《きねん》・医師《くすし》取いたし、みな一向宗と心得べき事。

まず二条目よりみよう。このか条は一向宗を禁制し、その理由として前年の一五五四年四月一日以来の白山の噴火をあげている。すなわち、霊峰である加賀国白山の噴火という天変地異を、守護勢力をたおし一国の支配権をにぎった一向一揆の非法に対してもたらされたものとし、このような非法を企だてる一向宗の禁制は当然のことであるとしている。

一条目は他領からきた祝・山伏・物知を宿泊させるな、また彼らに祈願などをたのむな、この連中は一向宗の教導者であるという。ここでいう祝・山伏・物知などは、中世末に一向宗の教導者がこれらとよく似た形で諸国を遍歴していることを示している。すなわち、民衆に向って一向宗の信仰を説くものを祝、鉱山の開鑿者《かいさくしや》（タイシ＝太子）などを山伏とし、タイシ・ワタリなどとして各地を遍歴し、ゆたかな知識をもつものを物知と呼んだのであろう。

三条目は男女に限らず、素人で祈願し、素人で薬を与えたりするものはみな一向宗の者と心得えよという。「素人の祈念」とは中世末・近世初頭に一般的にみられた真宗の道場主である「毛坊主」「辻本」などが、人に念仏をすすめ、自らもその人のために浄土往生を願って念仏することをさすと思われる。そしてこのような毛坊主・辻本などが医者・薬師でもなく素人であるのに病人に施薬・治療をなすという。すでにしばしばのべたように、真宗は現世利益のための祈禱を拒否した。戦国末期ころに作られた「九十箇条制法」において、「一、門徒の中に、人の煩えば祈禱をし、はらいをし、神子《みこ》・陰陽師《おんようじ》をもて病者《びょうしゃ》をいのること、当流のおきてにそむけり、いそぎ門徒をはなさるべきこと肝要なり」とある。また近世末の表現であるが、「千人も万人も皆一致して加持祈禱などに心を寄せず」とか、「病て祈禱せず」「門徒は決して祈禱を致さず」とされる。中世〜近世を通して民衆に大きな影響を与えた山伏・修験たちが、病人を前にして加持祈禱し、あるいは祈禱と施薬を併用したのに対し、真宗の毛坊主・辻本などは祈禱をしなかった。しかし人が現実に病み傷ついたとき、痛み苦しみ不安であることには変りがない。そこで彼らは医薬を尊重し医薬に頼った。一向宗の教導者たちが、かねて薬品を携帯し民衆の傷病を治療していたのである。素人が「医師取りいたす」とはこのような事情をのべたものであろう。

相良家法度を通して真宗の教導者と医師の関係をみたが、こうした事情につき興味ある事例が紹介されている（千葉乗隆「毛坊主」）。

それは飛騨国大野郡徳永郷小鳥にある弘誓寺の例である。弘誓寺は蓮如のころに七郎左衛門道場と称した毛坊主道場が、一七一〇年（宝永七）寺号をえたが、住職はその後も永く毛坊主の伝統を残していたという。その「弘誓寺には、江戸時代の医書を多く残しており、それは人間ばかりでなく牛馬の医書も見受けられ、〔住職は〕医者としてのつとめを果していたことが知られる」とされる。そしてこのことは、同寺においてかねがね門徒同行たちに「雑行雑修、自力は勿論、現世物忌祈禱の儀、当御宗旨において堅く修すべからざる旨、朝夕御叮寧に御教なされ」ていたことと深い関係をもつことはいうまでもない。

すでにみたように、越後西蒲原郡称名寺に伝わる毒消丸、越中富山地方に伝わっていた反魂丹、肥前田代地方に伝わっていた奇応丸などは、真宗門徒が加持祈禱にかわり、病苦を救うものとして家伝的に維持してきた薬品が、商品経済の発展と、一般民衆も薬によって病気の治療をはかろうとする合理的精神の台頭とのなかで、売薬行商として発展した典型的な例といえよう。そして真宗篤信地帯における現世利益的な加持祈禱をしりぞけ、医薬に依存する合理的な精神的基盤が、こうした土地に名医を育て、名薬を創製させることになったのである。

人口増加と倫理・エートスの意義

答えうる第二点は、主要な真宗売薬地はいずれも徳川中期以降に人口の増加した地域である。堕胎・間引きの忌避よりくる人口の増加と、その労働力をもって売薬行商が成立発展していることである。

答えうる第三点は、真宗門徒の信仰にもとづく倫理・エートスが、薬効の維持、得意先の信用の保持、規約遵守による斯業《しぎょう》の発展をはかった点である。

その一つは、真宗門徒の正直にして「虚妄の商」を排除する気風が、薬の品質低下を防ぎ効能の維持に努めさせたことである。慶長期に富山に反魂丹を伝えた万代常閑の「手先」をつとめたとされる、富山町薬種屋権七家が幕末期に提出した「由来」には、万代常閑の遺戒として次のようにいう。すなわち、薬業は医者の施薬と同様に人命を助ける職業であるとしたうえで、「ただただ人力を費すをもって元となす、節倹を相守り候えば、自然と天の福《よろこ》びを受け、〔先々の〕備えこれ有るべきものなり」とし、不正を行なえば「諸人よくその薬能を呑知り、相用いざるに至り、後年かえって莫大の損毛と相成り後悔の場に至るべし」と。これは万代常閑の遺戒でもあろうが、またそれが真宗の職業倫理と一致していたために、よく幕末期まで伝承されたといえよう。

その二は、仲間内規約の制定とその遵守である。仲間規約の制定については精粗の差はあれ各地の薬売行商人において制定され、その遵守がはかられた。

その三は、帳簿の合理的な記帳である。これは得意先の信用確保のうえで薬の効能につぐ重要な問題であった。したがって、年々の配置薬数と使用数、受け取り金額と売掛けの金額とが正確に記帳された。そしてこれが完全になされていたため、懸場帳が動産となりえたのである（植村元覚「懸場帳について——近世富山売薬業の帳簿序説——」）。越中売薬の場合、新規の連人は旅立つ前に帳主のもとで記帳法を学んでおり、一般に連人は得意先の面前で記帳の内容を復誦し確認をえていたのである。

以下くりかえしとなるが、真宗売薬地帯では、(イ)間引きの風習をもたず人口増加を招来したこと、(ロ)門徒はまた正直・勤勉・節倹・忍耐などの徳目をエートスと化して世俗の営為に精励したこと、(ハ)そして「病みて祈禱せず」という現世利益を求めぬ真宗教義にしたがい、その代替として医薬の効用を利用する合理性を身につけ、早くより薬事を大切に維持・改良していたことなどが総合されて、真宗地帯と売薬行商との親和性が成立したのである。

付　女性門徒の信仰と活動

女人講の成立

徳川中期ころより安芸門徒地帯では村内の小さな信仰組織として「寄《より》講《こう》」が設けられ、男性のそれは大寄講（御寄講）、女性は小寄講、若者は若衆講などと称されていた。安芸国佐伯郡己斐《こい》村の指出帳（一八一九年）には、「亦女分はお小寄と唱え夜分俗家に僧を招き法談聴聞仕り候て、仏事を重と致し料理等差出す儀曾《かつ》て御座なく候」と記されている。

『石川県史』によれば昭和初期においても、農閑期（冬期）に御座《ござ》または御座勤と称し、「殆ど毎夜交《かわ》る交る法談会」が行なわれ、その御座を主催する団体は性別・年齢などにより若衆講・親爺講・娘講・尼講などと称されていた。

一般に、仏教では女性は五障（五つのさわり）があり、不成仏の者とみなされ仏の救いから排除されてきた。しかし、真宗では阿弥陀如来が女人往生の誓をたてたことにより、女人往生が唱えられ、とくに蓮如以降は積極的にこれを提唱した。上述のように男性の講に交って女性の信仰組織としての講がみられるのはこのためである。

一八〇一年の美濃国「恵那郡中野方村諸振合の覚」によれば、同村民は禅宗と真宗の二つの宗派に属している。禅宗のもの（九二人、うち真宗二人）は七つの念仏講に分れ、その他伊勢・秋葉講など五種類の講にも加わっているものがある。これに対し真宗門徒（九五人）は三つの旦那寺に属し、男性は六つの「二八日講」と、小百姓・新百姓を中心とすると思われる「小寄講」一つ、女性は寺ごとに男性の同行頭のもとに四三人で三つの「二二日女人講」を組織している。この他にも「若き者」による「御経覚《おきようおぼえ》」の集会が開かれている。

ここで注目したいことは、(イ)禅宗のものが禅宗の宗旨とは直接関係のない「念仏講」に分属し、他の諸神や民俗的信仰の講にも所属しているのに対し、真宗門徒はいずれも真宗固有の講にのみ属していること、(ロ)また禅宗においては女性の講参加はみられないのに、真宗では戸数の約半数ながら女人講を組織し参加している点である。そして「毎月廿二日女人講これあり候、壱人に付米三合ずつ出し寄せ候組合も御座候、又あずきかいの処も御座候、経相つとめ敬申候」とされる。

このように近世において女性が講を組織し、報恩講の行事や説教聴聞などに積極的に参加するのは真宗門徒の特徴である。近代にいたり、ほぼ一九〇〇年ころから各地に真宗婦人会が成立し、日本の婦人会運動の先鞭をつけるが、それは女性門徒による永い講（同行）の伝統のうえに形成されたものであることは明らかである。

女性門徒の信仰

また女性門徒の熱心な信仰については、『妙好人伝』に多数の女性が載せられていることによっても知ることができる。

下重暁子（もとNHKアナウンサー）は、一八八五年（明治一八）生れの祖母吉田マスの伝記を記している（『思えばこの世は仮の宿』）。吉田マスは新潟県中頸城郡板倉町菰立東貝屋の旧家に生れた。この地は親鸞の妻恵信尼の生れた土地に近く、真宗信仰のきわめて厚い地方である。マスは、家同士の話し合で近くの在村地主吉田家に嫁にやられる。マスの夫義一は「人に好かれ、俳句や文学などをよくする情緒性はあるが経済にうとい」人であり、舅《しゅうと》は利発なマスを、将来義一に代って吉田の家を実質的に切り盛りする人として嫁に選んだのである。そのため、「倹約一筋で、身を粉にして働く」舅は、マスを厳しく男以上に仕込んだのである。それは尋常一様のものではなかったという。マスに次女が生れた。「つぐら」という藁で編んだかごに入れられ育てられた。ある日いつもより激しく泣く子を置いて仕事にで、家に帰ってみるとぐったりとしてすでに息がなかった。マスはその後自殺を考えるが長女のためにその決心も挫折した。このような状況のなかで、マスはお経を読み、『歎異抄』を読み信仰に入っていった。下重は当時のマスの心境につき次のようにいう。

自分がいかに努力しても、自分の力には限りがある。子の命を救うことが出来なかったことを身をもって知った時、いかんともしがたい他のものの存在、他力本願の意味をマスなりに理解することが出来たのだった。

マスは後年説教を聞くのを楽しみとし、自分でも説教師を呼んだり、京都へも名僧の講演を聞きにでかけたという。そしてマスは子供の教育をし農地改革を迎えるまで吉田の家をしっかり守り、その後も数々の社会奉仕に献身した。マスの長男吉田久一は沖縄戦に出陣するが、「沖縄戦争の中で仏教の不殺生戒を己に課し、敵を殺さない誓いをたてた」というう。マスの影響を受けた結果であろう。その吉田久一は彼の著『私と宗教』で母マスの信仰について次のようにのべている。

因襲的家族生活と強烈な自我との闘いの中で形成された親鸞信仰は、従来の浄土真宗的なものと異なり、「他力」的正統信仰からみれば、まさに「自力」であり、「異安心」あるいは「異端」とでもいうべきものであった。

吉田久一がいうように、マスの信仰が「自力」であり、真宗の正統信仰からみれば「異安心」であるというのは、親鸞教＝正統信仰とすれば正しい。しかし近世から近代にかけての教団の教義によるものを正統信仰とみればそれは当らない。この時代の真宗は教団自体の教義に自力的要素をもっており、マスに限らず門徒は、程度の差はあれ「自力」的要素をもって信仰していた。吉田マスは、こうした自力的要素のうえに禁欲のエートスを築き世俗の営為に強烈に立向ったのである。

女性の労働・出稼ぎ

天保期に幕府代官の提出した上申書には、越後における女性の労働につき、「女は夫々《それぞれ》の営これあり候えども、往還筋は女の身分にて長持其他馬附の分をも分け荷致し継立候村々もこれあり」と記している。明治中期ころと推定される一記録にも、新潟県の女性が零細な耕作と雑業を兼ねる男子を助け、「其婦女能く車を挽き馬を駆り、負搬《ふはん》運輸の業一にして足らず、昏晨《こんしん》怠らず実に為し得べからざる苦役に服するを常とす」と記される。

島根県邇摩《にま》郡仁摩町地方は、幕末期から出稼ぎの左官・大工などを大量に出した地方であるが、女性も家計を補充するために出稼ぎしている。一八六八年（明治元）同町域の宅野村から、伯耆木綿で有名な弓浜半島の村に二三名の女性が集団で綿摘みに、八月から一〇月（九名は一一月）まで出かけている。同村の戸数からみてほぼ一六戸に一人の割合となる。

一八九七年ころの調査により、職工の遠隔地からの募集を行なった五〇の紡績工場の応募府県を整理すると、広島県は二四紡績工場に女工を送って第一位で、第二位の香川県の二〇工場を上回っている。そして出身地による「風俗性質の如何」を調査した結果は、広島県出身女工について「性質稍々《やや》遅鈍《ちどん》なるも能く労務に堪え粗衣粗食に甘んじ契約期限を終了する者多し」と記されている。また、一八九四年ころ東京鐘淵紡績工場は男子約四〇〇人、女工約二二〇〇人を擁するが、「是等の女工手の殆《(ママ)》んど全部は広島の出身者なり」とし、広島地方は「人工饒多《じょうた》」であるので、同地の周旋人に頼めばいつでも多数の女工を送ってくれるといい、広島県出身女工につき次のようにいう。

独り広島人のみ契約期間を勤続するのみならず、期限後も猶《なお》勤続を望む者多く為めに会社は熟練の工女を使傭し得たる一方女工も亦《また》漸《ようや》く多額の給料を得て、年々郷里に相当の送金を為す故に、地方の評判甚だ宜《よろ》しく、従って出稼ぎの希望者次第に増加し……

る。

北陸地方出身の女工についても、彼女たちの宗教心を基礎に「職工教誨《きょうかい》」が行なわれ

京都有名なる西陣製織会社に就職せる女工の十中八九までは、加賀、能登、越中、越後等出身の者にて何ずれも仏教国の子女なれば、寄宿舎内各自思い〳〵の仏像を掲げ、珠数をかけて朝夕礼拝する様の如何にも殊勝なるより、

といわれ、同社の社長は「此良風を社内に盛ならしめ」るため、毎月東本願寺より講師を招き教誨にあたるのである。また、石川県の機業場においても熱心に行なわれる。

元来北陸の地仏教盛なり、壮年者にして尚《なお》帰依心の強き到底都人士《とじんし》に見るべからざるものなり、茲《ここ》に於てか各工場亦説教の方法をとり道徳講読をなす、此説教は毎月一回大谷派別院の僧を工場に乞うてなすものなり。

この教誨が「仏教信心の厚き此地方の職工に取ては其効験頗《すこぶ》る大なるもの」とされるのである。

大正の初、浅野成俊は『富山の民性』を著して、「富山では男も女も子供も皆悉《ことごと》く競うて稼ぐのである。……富山に女工・女教員・女労働者の多き事は注目に価する」と書いている。

野麦峠を越えた製糸女工

勤勉な越中女性は、すでに早く長野・群馬・埼玉県内各地の製糸工場などに出稼ぎしていたが、一九〇〇年ころになると、長野県岡谷地方への製糸女工が急増し、一九〇九年（明治四二）以降、富山県出身者の岡谷製糸同盟への登録者数は一〇〇〇人を超えている。富山県婦負《ねい》郡八尾の柏木つねは一九〇二年ころ、八尾から岐阜県高山—野麦峠を経由して岡谷の金山社に出向いたことを次のようにのべている（浦田正吉『近代地方下層社会の研究』）。

おばが信州の金山社の炊事に行っていたもんで、十三歳の年におばにつれられて、わらじがけで野麦峠を越え、途中何日も泊って信州へいったがね。三月か四月にいって十一月には正月休みで帰ってきたわいね。二十一の春嫁にいくまで、七年働いてきた。寄宿舎なんぞも一部屋五人でせまいもんだったが、姉さんがたに、おつねさんと可愛がってもらい、髪なんぞ結ってもらった。

柏木つねより二〜三年早く、八尾の高井すえや高野はるも野麦峠を越えて岡谷におもむいたさまが書留められている。

飛騨国は一八八三年の真宗寺院率が六四・五㌫に達するところであるが、実際には寺院統計にあらわれない道場などが多く、「一国悉く一向宗にて」といわれるほどの国柄である。ここでは気候温和で地味豊かな南に接する美濃国の人口指数（一七二一年基準・一八四六年現在の）一〇六・八を上回る一二八・八で、「人余って食足らざる下々の国」と評されるほどであった。幕藩体制下に「人気質朴にて出生の土地を離れ候儀殊の外相厭《あいいとう》」ていた同国人も明治維新によって封建的制約が廃せられると、過剰な労働力は堰を切ったように飛騨の国外に出稼ぎとして出ていった。

山本茂実『あゝ野麦峠』は、飛騨出身を中心とした多数の女工が野麦峠を越えて長野県岡谷地方の製糸工場におもむき、苛酷な労働に耐えた姿をヴィヴィドに描いた記録文学で、それが戦後日本の高度成長期のさ中に出版されただけに、戦前日本の歴史を象徴するものとして多くの国民に感動をあたえた珠玉の名作である。ここでは山本の聞書をあげよう。

吉野すえ〈明24・古川大江〉の話――それは苦しいこともございました。いっそ諏訪湖にとび込んで死んでしまおうと思ったことも何度あったか知れません。それでも暮れに帰って、一年働いた金を渡したら母《かかま》はその金を抱きしめて、「これで年が越せる」と声をあげて泣き出し、病気で寝ていた父《ととま》はわざわざ起きあがって、「すえ、ご苦労だったナ、ありがとう、ありがとう」そういって手を合わせて何度も頭をさげて礼をいってくれました。金は一升マスに入れて神棚《かみだな》に供え、お灯明《とうみょう》をあげて、その下で明るいお年取りをしました。あの時の母《かかま》の顔を思うと、工場でどんな苦しいことがあっても、ワシらはガマンできたのでございます。

吉野すえの、諏訪湖にとび込み自殺しようと思うほどの苦しさも、一年働いて持帰った金で「これで年が越せる」と喜ぶ父母の姿をみて耐えることができたというのは、己れの労働を通しての存在価値が認められ、自らもそれを父母への孝養として自覚しえたからであろう。

中村とみ〈明15・古川〉――野麦峠と工場でのことは、悲しかったこともうれしかったことも、何もかもありがたいことばかりでございます。おかげで私のような者でもこうして生きてこられました。今、何を食べても何をしても、あの岡谷の工場で働いたこと、あの雪の峠を越えたことを思えば幸《しあわ》せで幸せで、こうしていただく一杯のお茶もありがたいこと、もったいないことばかりでございます。

この中村とみの、悲しみも喜びもすべて有難いと感謝する話を記したあとに、著者山本は、「この最後の言葉は、飛驒で話を聞いた数百人の老婆に多く共通していた」と書いている。それは真宗門徒の勤勉・忍耐や奉恩のエートスのあらわれといえよう。

野麦峠を越えた女工たちは、現世を仮の宿と観念し、しかもその現在を実躰《じってい》に働くことを至上と考える、飛驒や越中の女性門徒であったことを付け加えることにより、その精神的基盤が明らかにされ、彼女たちの人間像はより具体性をますのではなかろうか。

移住と移民

北陸門徒の「入百姓」

寛政から幕末期にかけて、北関東と東北地方の一部に「入百姓《いりびゃくしょう》」と称して、北陸地方から真宗門徒を移住させ、相つぐ凶作・飢饉などによって荒廃した農村の回復にあたらせた。

入百姓の実施

一七九二年（寛政四）六～七月に越後の幕領より下総国結城郡の幕領に入百姓が到着するが、これが幕領における最初の入百姓のようである。同郡上山川村・恩名村にきた百姓二一軒に対し、道中の路用金のほかに、家作料・農具代・生活用具代・食糧代・種代などの入用金一五六両一分を村役人が受けとり、順次手渡すとし、これらの諸費用は「荒地起返しのため」に「御上様（将軍）より下置せられ」たものとしている。幕府は寛政改革の過程で、寛政末年までに総額約一五万両にものぼる「荒地起返金並に小児養育御手当御貸附金」と呼ばれる公金の貸付けを行ない、年に一割前後の利足をとり、この利足が入百姓の諸費用にもあてられたようである。

以後、下野国真岡・同国東郷・常陸国板橋の代官領など関東の幕領各地で幕末期にいたるまで入百姓が実施された。

常陸国笠間藩の場合でも一七九三年（寛政五）より実施され、領主牧野貞喜《さだよし》の依頼によって、かつて親鸞にゆかりのあった稲田村真宗西念寺の僧良水が入百姓の身元引受人となって実施する。それは藩との係わりを避けるため「良水個人の事業として遂行」しようとするものであった。

一八〇五年（文化二）にいたり、同藩が入百姓招致の対象とした加賀藩より、入百姓を引戻すために役人を派遣するとの風聞が笠間領に伝わり、百姓の動揺・出奔がおこり、藩は西念寺の実施する入百姓に対する援助を打切った。以後、西念寺は領内篤志者の融資などをえて、入百姓の援助を行なうが、一八〇八年六月良水は六二歳で急死した。それは一八〇五年以来の騒動の責任をとって自刃したものだとされる。ちなみに西念寺は維新前までに四五〇戸を招致したという（坂井誠一「北陸門徒農民の関東・東北移住」）。

陸奥国相馬藩の場合は一八一三年（文化一〇）より実施する。このとき藩主の意をうけた家老久米泰翁は、家老を辞して私人となり、藩に係わりのない立場になって実施したとされる。相馬藩の場合、金主《きんす》を募り、「無年貢である開墾鍬下一五か年のうち、五か年は入植者の所得、六年目より一〇年間は出資金主の所得とする方式」などで行なわれた。岩本由輝の研究によると、入百姓の独立後にその次三男を新百姓に取立てる場合もふくめて、同藩の入百姓は三〇〇〇戸にのぼったという（「一事例を通してみた陸奥中村藩における浄土真宗信徒移民の受容」）。

なお、寛政期に関東の代官領や陸奥白河領において行なわれた、いわゆる「越後縁付《えんつき》女《おんな》」も、入百姓に準ずるものとし、関東・東北農村の回復策の一つとして行なわれたものである。一例としてあげれば、一七九二年二月越後蒲原郡の幕領から下野・常陸の幕領におもむいた「農業奉公人」の女性二五人は、「先々において、女房に貰請たき旨申ものこれあらば、当人も得心《とくしん》に候わば、親共へ御懸合に及ばせられず取極申す積り」とか、「是は年季明に相成候わば親元え懸合の上、縁付候儀取極申すべき極に御座候」として送りだされたのである。

この政策は、松平定信が老中就任前の白河藩政にあたっていたとき、「この国女少なければ越後よりよびよせて百姓にあたう」とあるように、越後の白河藩領などより縁付女を迎えた政策を、老中に就任したのちに越後幕領から関東幕領にも拡大したものである。

入百姓政策の企画者

入百姓の実施において、越後の幕領から関東の幕領への入百姓は双方の代官の交渉によって行なわれ、出入とも合法であるが、北陸諸藩領から関東・東北地方への移住は、出国は「走人《はしりにん》」として非合法、入国は入用金などを与えて定住させるので合法であった。

従来の研究によれば、この入百姓政策は「啓蒙的藩主と代官」レベルによって実施されたとしているが、はたしてそうであろうか。というのは、幕藩体制のもとでの農民支配の原則は農民の土地への緊縛《きんばく》である。それは、一つは石高制の維持＝年貢の確保のためであり、いま一つは農民夫役の確保のためである。この大原則を破る入百姓政策が関東・東北の中小藩の領主や幕領代官レベルで立案・実施されたと理解することは困難である。

幕領間の場合、代官が入百姓希望者を募集する文言に、「手余荒地多分これある」村々に「御入用相渡」して移住させるのであり、それは「(幕府)御勘定所へも申上」て行なうことであるからとして、希望者に安心させている。そして、さきにみたように、この「御入用」が折から実施される寛政改革の農村復興費のなかから支出されるのである。

常陸笠間藩の領主牧野貞喜も加賀藩領（加賀・能登・越中）より入百姓の招致を行なう際に、招致の窓口を領内の西念寺良水に依頼している。入百姓招致の実施者となった西念寺良水はいう。

入百姓などといえる事いまだ関東にその見合もなく、諸人心付ざる折柄にて、(イ)別して加州は人別の事につき国政あり、(ロ)これによりて領君も後難危く賢察あるによりて、はか取りもなかりしに……。

ここで、(イ)の部分は加賀藩の改作法と結合したきわめて厳しい農民の土地緊縛のことであり、(ロ)の部分は領主牧野貞喜も大藩である加賀藩から農民を「走人」として連れ出すことの後難を恐れて計画の実施に躊躇《ちゆうちよ》しているということであろう。そこで領主の依頼によって藩に係わりのないよう西念寺良水が実施者となったのである。

このようにみてくると、北陸門徒の入百姓政策は、「啓蒙的藩主と代官」レベルの企画ではなく、統一権力として、幕領のみならず、大名領をもふくめた関東・東国の農村回復を重要課題とした、寛政改革の実施者＝幕閣レベルで企画されたものとみねばなるまい。

入百姓政策が、寛政改革の実施者＝幕閣レベルで企画されたものであることを実証するまえに、寛政改革と真宗との関係についてみておこう。荒廃農村の回復策を中心課題とする寛政改革において、真宗教団と門徒のエートスが利用された点については、従来論ぜられるところがなかった。

寛政改革における真宗の利用

すでにみたように、一七九一年（寛政三）九月、真宗西本願寺は「関東邪見《じゃけん》の徒を誡むる嬰児《えいじ》消息」を関東における門徒に下している。この消息は「関東の命に依り御本山より遣わされる教誡消息」とあり、寛政改革期の幕府の要請によって発せられたものであること、そして関東で堕胎・間引きの盛んに行なわれていることを、仏法・人倫にもとるとして非難し、これを禁止するよう教誡したものである（本書九四〜九六ページ参照）。

ついで同年一〇月、定信の名で諸宗派寺院に対する次のような教誡を発している。

一浄土真宗本願寺宗門においては、毎月両度講と名附候て、在家埴生《はにゅう》の小屋まで師匠坊主を相招、後世の営《いとなみ》懇《ねんごろ》に相勤め、王法制掟の趣を専相示候事殊勝に覚候、余の宗においてはか様の沙汰一向これなし、宗風猥りに成行、別して掟の趣も不行届不埒《ふらち》の様子ほぼ相聞、言語同断の至に候、向後《きょうご》夫々宗風正敷《ただしく》いたし、僧侶は末々迄其家の教相守申すべく旨、急度《きつと》相心得申すべく者也。

寛政三年癸亥(辛)十月　　松平越中守

諸宗寺院中

この教誡は、真宗を民衆教化において「殊勝」であるとし、他の宗派を「不埒」とし、諸宗寺院・僧侶を戒めた異例のものである。定信は北陸などの真宗門徒地帯で堕胎・間引きをせず、「家業はげしき国風」を形成しているが、それは毎月民家に門徒が集会し僧を招いて行なわれる、講の機能に負うことが大であることを真宗僧の献策・上申などから承知していたのであろう。そして、定信はのちにみるように、この時点で、真宗門徒のエートスと風俗を関東・東北の農村復興に利用することを決意するのであり、そのためには真宗教団・寺院の協力は不可欠であり、前記の教誡を発して賞揚したものと思われる。

実際に入百姓を実施する場合、関東の幕府代官が越後の代官領より門徒を入百姓として招致しようとするが、越後の真宗寺院にとっては門徒の引越しによる離檀が手次寺《てつぎてら》の収入減少となるとして反対し、引越希望の農民も関東には真宗寺院が少なく、移住先で改宗となることに不安であった。幕府役人は、移住人が二〇〇軒もあれば移住先に掛所《かけしょ》(旧旦那寺の分家寺院)を造り、僧を送って故郷と同様の信仰ができるという条件を出して移住をすすめた。この入百姓に移住地で真宗信仰を継続させるという原則は、藩領の場合も同様である。さきにみた「越後縁付女」も最寄の真宗寺院における宗門改帳に「半旦那」として登録された。

また、笠間領の入百姓の場合、入百姓の身元引受人に真宗の西念寺良水が選ばれる。彼は、「北国は大凡《おおよそ》一宗（一向宗＝真宗）の徒にして常に仏法に親み深きゆえ、人数もおおく家業もはげしき国風なれば、彼国に溢れる民俗を引入、荒田を開発せしめ風儀をここに移さば、多くの幼童を養うといえどもその悩《うれ》いなきを見習」わせようという。ここでは北陸門徒の入百姓によって「荒田の開発」とともに、門徒のもつ風俗を移して堕胎・間引きの解消をはかろうというのである。

帰農令の読み替え策

松平定信を中心として行なわれた寛政改革において、荒廃農村の回復策として旧里帰農奨励令（以下帰農令という）が実施されたことはよく知られている。ところが帰農令と入百姓政策を関連づけて研究した業績はない。両者は長い間それぞれ別個な問題関心のもとで研究されてきたのである。

帰農令は一七九〇年（寛政二）一一月に布達され、江戸在住の農民出身者を故郷または手余地のある国々に手当を付して帰農させるよう、幕領は幕府の手で、大名領は大名の手で行なうものであり、実施期間は一七九〇年より九二年までの三か年と限ったものであった。しかし、実施してから一年余を経た一七九一年一二月にふたたび布達している。そこでは昨年の布達に対し、帰農を「願出候もの少く候、畢竟《ひっきょう》江戸の自由なる風俗に迷い、帰郷の事も忘却致し、一日一日と打過候故にてこれあるべく候」とし、ふたたび帰農を諭している。この帰農令が不人気であったことは、上記の文言によっても、また定信自身が「帰農の願するもの至てまれなり」とのべていることより明らかで、当事者が十分熟知していたはずである。にもかかわらず、三年の時限を過ぎた一八九二年四月に三度布達している。この布達の最大の意味は三か年の実施期間をとりはらい、以降も継続して有効とした点にある。

さて、(イ)第二回帰農令の発せられる直前に、さきにみた、本願寺よりの堕胎・間引きの教誡を出させ、ついで民衆教化において真宗を殊勝とする異例の教誡を発している。(ロ)そして、第二回帰農令と第三回帰農令布達とのほぼ中間点にあたる一八九一年六〜七月、幕府は、間引きをせず人口増加をもたらし、しかも家業に精進する真宗門徒を、越後の幕領から下総結城郡の幕領村々に最初の入百姓として招致し、入百姓の路用金や諸入用を寛政改革で設けた公金貸付の利息によって支払っている。

このようにみてくると、第二回帰農令の発せられる前ころから、真宗を利用することによって、関東において堕胎・間引きを禁止させ、北陸門徒を入百姓として招致することなどを考えていたと思われる。そして幕府中枢部の承認のもとで、農民出生地の代官と受入れ地の代官の交渉によって、比較的簡単に入百姓の招致が可能な幕領間で、試験的に入百姓を実施したものとみてよかろう。そしてその結果をみて、帰農令を入百姓の実施に読み替えることを決意し、第三回の帰農令を発したと考えたい。すなわち、(イ)農民出身者で江戸在府のものを北陸門徒に、(ロ)「故郷え立戻」すを「手余地これある国々」に、(ハ)帰農令のための「荒地起返並に小児養育御手当御貸附金」の利息を入百姓御手当金に流用するために、帰農令を入百姓政策に読み替える決意を下したのである。そして幕領と同様に農村が荒廃している北関東や東北の諸大名に対しても、「万石以上領分」は、「其領主」によって「御手当」を交付する帰農令に準じて実施するよう、示唆（内示）したものと推定したい。

この決定は、定信など幕閣有志が幕藩体制の大原則である農民の土地緊縛を破り、諸藩領の農民をも手余地の多い他領に入百姓として招致する政策を企画したものであり、個別藩の「国制」を幕府＝公儀が危機のなかに考える「国体（国の成りたち）第一」に従属させるものであった。そのため、公然とした新法の制定とならず、古い帰農令の読み替えで実施せざるをえなかったといわねばならない。このように解釈しなければ、「大都市の気楽な『自由』に魅せられた都市下層民の非協力により、ほとんど実効を得ぬまま」と評される帰農令を（竹内誠「寛政改革」）、第三回帰農令において内容を改訂することなく時限を廃し、以降も有効とした意味が理解できないのである。

そして幕府の政策立案と示唆（内示）があって、中小の「啓蒙的藩主」レベルで、後難を恐れつつも、私人の資格の実施者を立てて推進するにいたったものと考えたい。

入百姓の信仰とエートス

ここで入百姓における真宗信仰と倫理・エートスとの係わりについてみよう。入百姓道中の苦難について次のような報告がある（坂井誠一前掲論文）。

越中国礪波郡から下野国南那須小志鳥に移住した者の子孫および檀寺の談。「漸《ようや》く烏山に着いて慈願寺の門を叩いた時は、衣服はぼろぼろになり、体はやせこけて、見るも哀れな姿であった。慈願寺では彼等をいたわって本堂に上って休むよう勧めたが、彼等は卑下して御堂に上らなかったという。寺では彼等に土地を斡旋するとともに、鍬・鎌から飯椀まで与えた。入植後長年月を経て生活が安定した後でも、入植当時の苦しさを忘れず、膳・椀なども立派なものを揃えながら常に欠椀《かけわん》で食べている者もあった。その理由は、入植時寺からもらったこの椀を食事毎に戴くことによって、寺の恩を偲ぶのだという」。

こうして、入百姓は水呑（土地を持たぬ農民）の地位から脱出できるという希望とともに、信仰をもち苦難を克服して移住したので、彼らの生産と生活の営みは真摯《しんし》であった。移住地での信仰と生活をみよう（堀一郎『宗教・習俗の生活規制』）。

相馬藩領に移住した者たち。「そして真宗門徒の経済力は次第に在来の相馬農民を凌駕するにいたっている。何よりも初期の藩の援助、豊富な荒蕪地、繫累の少ないこと、村つき合いの少ないこと、神事や忌日、祭事などの濫費や休日のなかったこと、寺を中心に講や法座に集り、信仰を強め、勤労と倹約の大切なことをつねに繰返し教えられたことなどが、その成功の大きな原因と考えられている」。

入百姓たちは「加賀者」「新百姓」などと呼ばれ差別をうけつつも、彼らの徳目とする勤勉・節倹などをもって刻苦勉励し、真宗寺院を信仰と団結の拠点として経済的位置の向上をはかった。相馬領小高郷に移住した者は、「最初の移住者が定住してから約二〇年目、大体一四、五年間に、ほぼ水田平均七反、畑平均一反三畝、合計八反三畝ほどの土地耕作者となった」とされる。さらに黒木村での戦後の一九五四年における調査では、真宗集団と非真宗集団の所有耕地を比較すると、真宗集団が平均して三反六畝も多く持っていることが指摘されている（堀一郎前掲書）。

さて、入百姓の歴史において、(イ)関東・東北地方の「啓蒙的藩主と代官」などはそれによって農村復興に一定の成果をあげた。(ロ)また入百姓の移住地には真宗寺院が建てられ、旧来からあった笠間西念寺や築地本願寺も入百姓を檀徒として宗勢を拡大した。(ハ)そしてまた、勤勉であり間引きを忌避した北陸門徒は、人口過剰のために無高・水呑が多く、小作・出稼ぎなどによって窮迫した生活を送っていた。封建為政者と真宗寺院の招致によって関東・東北に移った彼らは刻苦勉励の末に土地所有者となり、しだいに自営農民に成長し、広い仏間をもった北陸風の家屋を建て、手次寺を中心に信仰を続けた。

以上みたように、封建支配者・真宗寺院・真宗門徒の三者は三様に、それぞれの経済的利害にしたがって行動し、それなりの成果をえたといえる。しかし、これら入百姓の歴史にとって、その背柱となるものは真宗門徒の信仰―倫理―エートスであった。いま西念寺良水の言葉を借りれば、「北陸はおおよそ一宗の徒にして常に仏法を親み深きゆえ、人数もおおく家業もはげしき国風」を形成する行動様式である。本書の冒頭でみたように、青木周蔵が那須野原の開墾に富山県人を招致しようと企画したが、それは寛政期以来栃木県内の各地に移住し、荒田の開発に実績をあげていた旧越中門徒についての、彼の見聞からもたらされたものといえよう。

北海道への開拓移住

開拓移住制度の成立

一八六九年（明治二）に北海道開拓使の設置とともに、開拓のための「移民扶助規則」が定められ、移民に相当の保護を与えて北海道開拓移住がスタートする。しかし一八七四年には「移民扶助規則」は廃止され、以後は渡航費や開墾費を支出してくれる小作制農場の小作人が多く移住したようである。

一八九一年（明治二四）に北海道庁が全国府県に送った「北海道移住案内」と、翌年に通達した「団結移住に関する要領」は、北海道への開拓移住が本格化するうえで、きわめて重要な制度の成立となった。「北海道移住案内」をうけて富山県が「北海道移住案内要項」として布達したものの要点は次のようである。

(イ)移住のためには土地の選定が最も重要で、多人数が「団結移住」するときは、総代が先発し、土地の性質、運搬の便否、飲用水の差支えなどを調査すること。
(ロ)渡航の季節は三月下旬より五月上旬までが最適である。
(ハ)移住者は原野の開墾にあたるので開墾がはかどるよう「多人数団結」が必要である。
(ニ)旅費・農具・種子物の買入代価と一か年間の食料を補助する費用が必要である。
(ホ)その他として、防寒の方法があること、土地は開墾が終れば一〇〇〇坪一円の安価で払下げられ、地租は二〇年間猶予される。また土地は豊かで農牧水産などに適している。
ここで注目すべき点は、「団結移住」「多人数団結」の語を用い、団体による移住と団結によって開墾の進捗をはかる必要をのべていることである。翌年の布達は、これをうけて団結移住者に貸付予定存置の特典を与えるもので、その要点は次のようである。
(イ)団結移住の目的をもつ団体に移住規約を結ばせ、府県庁で調査し確実な団体に対し団結移住を認める。
(ロ)団結移住は戸数三〇戸以上（一八九七年の改正で二〇戸）で、一年一〇戸以上ずつ移住する。
(ハ)団結移住を認められたものには、一戸につき一万五〇〇〇坪（五町歩）ずつ、総戸数に応じた面積を貸付予定地として指定する。

㈡小作人を移住させるときには、その小作人も規約のなかに加えること。

こうして、「荒漠たる原野に居住し開墾に従う」ためには「団結移住」が必要であり、北海道移住はこうした団体移住を中心として受入れること、また、自作農・小作農を問わず確実な小経営を希望するものを中心とすることで、北海道開拓を推進する制度が成立した。

一九〇四年（明治三七）内務省は北海道移住を奨励し府県に通牒を発するが、そのなかで「団結移住」の効用につき次のようにいう。

殊に未開の原野に入り開墾を為さんには、団結一致相助け相励まし労苦忘れ識らず知らず事業の捗《はかど》取るのみならず、斯《かか》る移住は郷党の共同心を保持し而《しか》も土著の念を鞏《きょう》固《こ》にするの利益あるが故に其成効概ね佳良なり。

そして「佳良」な一例として、石川県江沼郡永井村他四村民を中心とした石川県民団体をあげる。同団体は一八九四年春、石狩国近文原野に入植し、「数回の水害凶作」にもかかわらず「堅忍撓《たゆ》まず困難の際にも能く事業を拡張し資産を倍蓰《ばいし》した」とされる。同団体は勤勉・質素などの気風にくわえ、「相親睦し火災病疾其他遭厄《そうやく》の際は互に能く救助せり、例えば病気にて農事の手後れと為る者に、……一同出て之が手伝を為し以て生活に困難なることなからしむ」といわれる。

石川県民団体にみられるように、かねて真宗の道場・講などの信仰単位で、同行内の「和合」を重視し協調のエートスを身上とした真宗門徒の「団結移住」こそ、民衆のエネルギーを最大限に発揮するにふさわしい移住と開墾の形態であった。

北陸門徒地帯からの移住

一八九〇年代初めころから一九〇三年（明治三六）まで東北六県をおさえ、最も多くの北海道開拓移住民を送った北陸門徒地帯からの移住についてみよう。北海道移住者の統計基準が変更される一八九二年より一九一五年までをほぼ五年ごとに一期として、上位一〇位以内の府県と、北陸四県・東北六県のそれぞれの比率を示せば表8のようである。

一八九二～九六年期は、北陸四県が六位以内に入り、全国比で三六・四パーセントを占めているのに対し、東北六県の全国比は三〇・五パーセントであり、宮城・福島は一〇位以内に入っていない。なおこの期に徳島・香川県が七・八位に入っている。

一八九七～一九〇一年期は、北陸四県の全盛期で一～四位を独占し、四六・三パーセントを占めている。東北六県からは前の期の四県に加え宮城が九位に入るが全体では二七・〇パーセントである。なお徳島県が一〇位に残っている。

一九〇二～〇六年期には富山・新潟・石川の三県が一～三位に入り、福井県も七位であり、北陸四県が三六・七㌫を占めている。一方、東北六県も全県一〇位以内に入り、三五・五㌫で伯仲している。つまり全国一〇位以内は北陸四県と東北六県で独占したことになり、両者で全国比でも七二・二㌫を占めている。しかもこの期には大きな変化がふくまれている。それは一九〇二年以後の東北地方における不作、とくに一九〇四・〇五年の凶作が「東北六県の本道移住者の激増を齎した」のである。この凶作以後、従来北海道移住者の

1907～11		1912～15	
富山	人 32,601	宮城	人 24,890
宮城	32,099	青森	18,367
新潟	23,222	秋田	17,933
秋田	19,046	新潟	17,840
石川	18,690	福島	14,799
福島	18,037	山形	14,180
青森	17,586	富山	14,093
山形	16,484	岩手	13,862
岩手	15,670	石川	10,989
福井	11,629	岐阜	6,933
	274,163		203,343
	% 31.4		% 24.5
	43.5		51.2

含む.

表８　北海道移住者の府県順位

		1892〜96		1897〜1901		1902〜06	
			人		人		人
府県順位	1	石川	26,384	富山	30,659	富山	24,598
	2	青森	26,133	石川	29,619	新潟	22,705
	3	新潟	20,436	新潟	22,336	石川	19,925
	4	富山	17,601	福井	20,429	青森	17,045
	5	秋田	15,694	秋田	15,829	秋田	16,743
	6	福井	15,364	青森	13,522	宮城	14,141
	7	徳島	11,221	山形	9,964	福井	11,738
	8	香川	10,668	岩手	8,242	山形	11,191
	9	岩手	9,960	宮城	7,677	岩手	10,637
	10	山形	7,341	徳島	7,350	福島	8,881
総移住者数			217,920		222,612		215,234
北陸４県の％			36.4 ％		46.3 ％		36.7 ％
東北６県の％			30.5		27.0		35.5

注　移住者＝「来往」者−「往住」者とする．総移住者数はその他の府県を

少なかった宮城・福島両県をもふくめて東北六県からの移住者が激増し、一八九三年以来移住者数で東北六県を越してきた北陸四県の地位が一九〇三年を最後として逆転する。一九〇七～一一年期に入ると北陸四県と東北六県の地位は完全に逆転して、一二・一ポイントの差となり、次の一九一二～一五年期に入るとさらに大きく二六・七ポイントの差となっている。そして前の二期にわたって北陸四県と東北六県によって独占してきた上位一〇位から福井県が一一位に落ち、代って岐阜県が一〇位に入っている。

新しい統計基準ができる一八九二年から一九一五年までの二四年間に限ってみても、北陸四県から北海道に移住した人員は三九万八〇〇〇人に近い数であり、これは北陸四県の現住人口の一割を超える数である。そして、一九一〇年代に入ると北陸各地にも新しい地域産業が成立し、「移住は特殊な場合に限られるようにな」るのである。

さて、一八九一・九二年以後の農業移住には、基本的に二つのタイプがある。一つは自作農をめざした団体移住である。富山県からの移住民についてみよう。

(イ)富山県西礪波郡五位村などの六か村出身者による五位団体。十勝国中川郡幕別村入植。一八九六年九月、吉田平一郎主唱となって団体を組織し、規約を定めて県庁の認可を受け、一八九八年二月、吉田は、土地撰定のため北海道に出発、十勝国で適地を探し、「直ちに出願して予定存置の認可を得」これを郷里に通知する。第一回移住者二六戸、一八九八年四月入道。第二回一三戸、一八九九年。第三回一一戸、一九〇〇年。一九〇五年現在、戸数四八戸、人口二一六人、所有地二〇〇余町、貸付未開地二五〇町歩、その内七〇町歩は開墾。馬匹は総数九〇頭。農耕に器械を使用、農作物は大豆・大麦・黍・馬鈴薯など。

五位団体は「勤倹力行以て能く家業を励み和衷協同以て能く団体の利を挙げ僅々七年間に於て斯《かか》る好成績を収め」たと称される。

いま一つは大地主の小作人となるものである。

(ロ)松平農場の小作人。横山源之助は『毎日新聞』（一八九六・一一・二七）に次の記事をのせている。

而して移住者は下新川郡より赴けるは石狩国上川郡鷹栖村松平氏の開墾地なり、春若《もし》くは秋彼の地より事務係出張し、恰《あたか》も東京大阪の都会より工女を募集に来るが如く町村の宿屋に「北海道移住人募集」の看板を張り、更に当地の「口利《くちきき》」を嗾《そそのか》して小作人を説得し、表面より裏面より移住のよきことを寸小を棒大にして奨め、かくて五十人百人の移住者を拉《ろう》して去る。

渠等《かれら》の赴くや、旅費一文だも入らず移住と決せば何等の準備も要せずして其の儘行くを得るなり、移住後は小屋掛料、農具代、種子代として十五円の金を貰い、是にて小屋を掛け農具種子を求め開墾に着手す、而して一反歩を開墾すれば則ち六円宛の報酬を得るの約定、力めて止まざれば、後日其の土地の永代小作人たるを得べしとなり。三年目に至れば該開墾地一畝歩に五十銭、五年目よりは八十銭を上納し、七年目乃至十年目に及へば郷国に於ける通常の耕作地と同じく普通の小作米を払うべき約定と聞く。

『入善町誌』によれば、現入善町域から「上川郡鷹栖村の松平農場に転住したものが多く」、同農場は旧松江藩主松平直亮《なおあき》の創設したもので「明治二十九年（一八九六）に九〇戸、翌三十年に八〇戸の富山県人を入れて開墾し、その後も年々小作人を入れ、開墾に努めた」とある。

開拓精神についての諸見解　北海道の厳しい自然にたちむかい、原始林を伐採し開墾・営農をなしとげた開拓精神はどのようなものであったか。これは日本近代史のうえで興味ある問題であるが、従来この点につき注目される二つの見解がある。一つは榎本守恵の見解で、士族の特権意識をうけついだ屯田精神をあげる。彼は、ほぼ一八九〇年ころまでの北海道開拓移住民の主力は屯田兵をふくめた士族であったとし、一八九〇年（明治二三）の「屯田兵員及家族教令」の制定をもって、「制度としての屯田精神の完成、即ち北海道開拓精神の成立」とする。そして屯田精神を、移住士族―士族屯田兵―平民屯田兵―（大農場）小作人と、継承させる論理をとる（「北海道『開拓精神』の成立」）。しかし、榎本の見解においては屯田兵の過大評価がみられる。この点後にみる、ひろた・まさきが「屯田兵の開拓エネルギーは、全体的にひじょうに低い」とし、とくに実証をもって「士族屯田兵時代の開拓率は低い」と批判している。また屯田兵の精神を大農場の小作人にまで継承させる議論も、屯田兵の教令と「小作人心得」との間に形式上よく似た倫理規定があったとしても、一片の契約書や規則書で開拓精神の継承を論ずることはできないといえよう。

榎本の業績を批判しつつ、ひろた・まさきは、開拓地農村の各地にみられる馬頭観音や地神などの各種民間信仰に注目する。しかしこれら民間信仰神道は、「開拓に必要な厳しい倫理的自己規制を要求する観念なり規範を」、それ自体にもっていなかったとする。そこで、ひろたは「勤勉・倹約・質素等々の通俗道徳的規範は、開拓村のいずれにも強調されるものであり、開拓精神の核心をなすもの」とし、日本人は、この通俗道徳を徳川中後期から形成していたとする。しかし、北海道開拓における巨大な自然の力の前に通俗道徳の限界を感じ、通俗道徳を補強するものとして、入植早々に神社を建て、さまざまの民間信仰が群生したという。ひろたにあっては、北海道「開拓における一般民衆の精神は通俗道徳的自己規制と民間信仰とが相互関連をもって構成されたもの」とみるようである（「北海道開拓民衆精神史研究序説」）。

ひろたの見解には傾聴すべき点が多い。とくに北海道移住以前に身につけていた通俗道徳の重視には筆者も同感である。しかし、ひろたがいま一つ重視する馬頭観音や地神などの各種民間信仰が通俗道徳を補完するタイプは一つの類型であって、その一般化には疑問がもたれる。

北海道の宗教事情　小野規矩夫「開拓と宗教」は、開拓地における鎮守神の成立、仏教諸宗派の展開とともに地神信仰の導入と展開を説く。すなわち、徳島・香川・兵庫県淡路島などからの移住者が導入した地神信仰が、「地神信仰をもたずに来道した移住者の間に拡がり、開拓集落の一つの特徴といえるほどの普及ぶりを示した」とし、他に山神や馬頭観音もあげる。しかし、小野をはじめ多くの北海道における宗教研究は、概して開拓地における鎮守神、仏教寺院（説教所）、地神など民間信仰の並列的研究であり、移住民の出生地（故郷）における宗教生活との関連における、信仰の類型化をはかった研究は少なく、このような研究はようやく緒についたばかりといえよう。

こうした研究の現状において、北海道移住民が出生地からどのような宗教＝信仰生活と通俗道徳を開拓地にもちこみ、あるいは新たな宗教＝信仰を取り入れ、開拓の精神的エネルギーとしたかを類型化して示すことは困難である。しかし、さきにもみたように、本格的に開拓の展開される明治中期以降に、北陸四県を中心として大量の真宗門徒が移住しているので、彼ら真宗門徒を中心とした信仰・倫理生活の一類型を、しかもそれは最大・最高の量と質をもつ類型として示すことはやや可能と思われる。

表9は一九二二年の全国における宗派別寺院率と北海道の宗派別寺院率・宗派別檀徒戸数を示したものである。

表9　北海道仏教宗派別状況　(1922年)

宗派	全国	北海道	
	寺院率	寺院率	檀徒戸数率
	%	%	%
天台宗	5.9	0.9	0.5
真言宗系	16.5	5.6	4.5
浄土宗	11.9	10.6	9.9
臨済宗	8.4	1.0	0.8
曹洞宗	20.2	20.3	22.1
日蓮宗系	7.1	8.0	6.4
真宗	28.2	53.6	55.7
内　本派	14.0	18.4	18.3
内　大谷派	12.1	30.2	33.4
内　その他	2.1	5.0	4.0
その他	1.9	0.1	0.1
計	100	100	100

これによると、全国の宗派別寺院率と北海道の寺院率を比較するとき、全国で二八・二パーセントを占め第一位である真宗は、北海道で第一位であるのみならず五三・六パーセントと過半を占めている。また真宗内では大谷派が三〇・二パーセントととくに大きく、本派本願寺派の一八・四パーセントを超えている。これは大谷派の本拠地である北陸四県に加え、岐阜県や近江商人の系譜を引く滋賀県の出身者が多いためと推定される。また檀徒戸数もほぼ寺院率に比例して真宗が五五・七パーセントを占めている。

次に一九二〇年の神社神道を除いた寺院・教会・説教所などをふくむ諸宗教施設率を表10に示す。神社神道の施設を除いたのは、一般に神道国教化政策のなかで日本人は神社神道と、特定の仏教宗派ないし教派神道の諸派などとの二重信仰をしている場合が多いからである。また説教所・講義所などをふくめたのは、北海道は開拓過程にあり、完成し公認された諸施設のみでは非公認の成立過程にある諸施設の意義が欠けるからである。この表によってみると、真宗は全国的には二五・五パーセントであるが、北海道では四三・一パーセントできわめて多い。その際、真宗寺院の四三五に対し、説教所は四九四を数える。半農半僧的な「自らも開墾に従事しつつ文字通り草庵を建て」て、布教する道場と毛坊主（中世から近世の初期にこのような状態で真宗が布教された。その後、しだいに道場は公認の寺に、毛坊主は僧にか

表10　北海道諸宗教施設率（神社神道を除く）（1920年）

宗教内訳	仏教寺院		諸宗教諸施設	
	全国	北海道	全国	北海道
	%	%	%	%
天台宗	6.3	0.8	5.5	0.6
真言宗・法相宗	17.2	5.5	15.6	7.0
浄土宗・華厳宗	11.7	11.1	10.2	6.2
臨済宗	8.5	1.1	7.3	1.0
曹洞宗	19.9	20.9	17.3	15.8
黄檗宗	0.7	0	0.6	0
真宗	27.5	52.3	25.5	43.1
日蓮宗	7.0	8.2	7.0	8.3
時宗・融通念仏宗	1.2	0.1	1.0	0.1
仏教計	100	100	90.1	82.0
教派神道			8.1	14.0
（うち天理教）			(4.1)	(9.0)
キリスト教系			1.7	4.1
合計			100	100

注　「諸宗教諸施設」欄は，仏教教会説教所・教派神道祠宇教会説教所・キリスト教系教会堂講義所を含む．

わる）の再現が、開拓期の布教に大きな意義をもっていたことが知られよう。

以上の考察から北海道の宗教勢力として真宗のもつ意義はきわめて大きく、最大のものであることを確認しておこう。そしてそれらは、北陸門徒を中心に西日本門徒地帯、岐阜・愛知の東海、および滋賀県などからの移住門徒によってその中心がつくられていることはほぼ間違いないところである。

真宗門徒の開拓精神

北海道に移住した真宗門徒が、信仰の拠点として寺院・説教所に依拠しようるには種々の方法があるが、ここでは最も代表的な二つの場合についてみよう。

一つは移住民が出身地または他の地域から真宗僧を伴い来道して寺院・説教所を設立し、それに所属する場合である。

(イ)十勝国に移住した富山県西礪波郡出身の矢部団体の場合。一八九七年二月、十勝に着いた団体員は「移住の際僧侶を伴い来り開墾倥偬《こうそう》の間もなお説教を聴くを楽とし、一九〇三年（西礪波郡出身の）江波団体と共同して寺院を建て」たと記される。

いま一つは入植後数年を経て、移住民などの協力によって寺院・説教所の設立される場合である。

(ロ)一八九四年春以来、石狩国近文原野に入植した石川県江沼郡永井村他四か村民などの石川県民団体の場合。同団体は「明治二十九年（一八九六）団体民協力して真宗説教所を建つ、後寺号を公称して浄福寺と」なした。また、一八九九年には「小祠を建て北野神社を祭る、此神社は附近人民一同の氏神と為る」のである。

さて、真宗門徒の移住地における宗教事情について、ほぼ次のように要約することができよう。

(イ)移住民は出身地などの産土《うぶすな》神を勧請し、氏神・村社を形成する。明治政府の推進する神道国教化政策の下に移住民たちはこの神社で村落の公的な宗教行事をとり行なった。

(ロ)移住民は村落内に寺院（説教所）を建立するか、近隣の寺院に所属するかの区別はあっても、ともに真宗寺院の檀徒となり、講を中心とした多数の真宗行事を形成し信仰を継承する。この真宗信仰こそ移住門徒の第一の核心的な信仰である。こうして、石川県江沼郡出身の石川県民団体のように、第一次入植二年目にして「団体民協力して真宗説教所を建て」、「団体民が勤勉にして農事に精励するは附近人民の模範とするに足れり」とか、「団体民は質素を旨とし奢侈を戒め賭博の如きは絶えて之を為す者なし」とされ、団体移住の「佳良」なる例として広く紹介されるのである。また、富山県出身の江波団体・矢部団体のように、「宗教心に厚く風俗質朴敦厚《とんこう》にして能く一致和合し勤倹一意家業の隆盛を図れり」とか、同県五位団体のように、「日常の信心堅固にして」「一体に郷里の風習を存し質樸《しっぼく》にして勤倹能く家業の繁昌を図りて怠らず」と称されるのである。この場合の「宗教心」や「信心」が真宗のそれをさし、「勤倹」「勤勉」にして、「家業の繁昌を図り」「農事に精励する」エートスが真宗の信仰と倫理よりもたらされるものであることは、これまでにのべてきたところより明らかであろう。

(ハ)乏しい資料であるが、真宗門徒が中心となって開拓した村落にも、地蔵菩薩・馬頭観音や、ときには火の神・水の神などが祭られ祈願の対象となっているところが二〜三例紹介されている。しかし、これらの村落でも真宗信仰が民衆の中心的な信仰であり、また真宗の講の行事が集落の中心的な宗教行事であることにはかわりはない（宮良高弘「北海道村落社会と宗教集団の形成――栗沢町礪波と初山別村有明の事例から――」、鷹田和喜三『北海道の村落祭祀研究』）。弥陀一仏に帰依し、現世利益を求めるための余神余仏の崇拝に比較的冷淡な真宗門徒においても、北海道開拓の厳しい条件が、信者の苦を代って受け、信者の願を代って叶えるとされる地蔵菩薩などとの習合を生んだものであろう。

北海道開拓の本格化の時点で最大の移住者を送った真宗門徒の場合、彼らの郷里における人口圧力に加え、故郷に訣別して移住を容易にさせた精神的な背景として、いずこの土地に住むも弥陀の救いに変りはないという信念から、「日は越中にばかり照らぬ、苦んで居るより松平（農場）の田地を開くがましなり」というように、故郷に恋着せぬ気風があった。そして開拓地では、真宗の講が「開拓民に集合する機会を与えて社交場としての機能を果たし」慰安を与え、僧侶の説教が大きな慰めであった。彼らの新天地における信仰の継続と、真宗信仰を通して形成された勤勉・節倹・忍耐・和合などの禁欲的な諸徳目の実践は、開拓のエネルギーを拡大・高揚させ、巨大な自然のもつ厳しさと猛威に処する勇気を与え、彼らの苦難を慰めるものであったといえよう。

海外への移民

移民制度の成立

太平洋上の群島をもって王国を形成していたハワイは、その主要な産業である製糖業の発展をのぞみながらも、急激な人口の減少による労働力の不足に悩まされていた。そのため日本から移民を招くよう日本政府と交渉しており、一八八四年（明治一七）「農事に雇われ」る農民を送ることを政府が許可し「移民約定書」が交された。こうして日本・ハワイ両国政府の契約により政府の手により募集・輸送する、通称「官約移民」制度が成立する。この制度はその後改訂され「日布渡航条約」の成立をみ、一八九四年（明治二七）まで続き、前後二六回にわたり、総人員二万九千余人が渡航した。

一八九〇年代に入ると南太平洋各地や西インド諸島にも農業労働移民がでかけた。これらは「私約移民」と称され、民間の移民会社が移民業務を取り扱っていた。また、一八九〇年ころには、ハワイからの転航者を中心としてアメリカには日本人二千余人が住んでいた。アメリカ西部のカリフォルニア州の異常な発展に刺激され、さまざまな職業をもつ人々が住み、移住地はカナダにも拡大された。

これら欧米諸国の勢力圏への移民は、わが国における資本主義の成立とともにその多くは土地を失いつつあった貧しい人々で、政府と地方官庁とは彼らに労働の機会を与えて、そのえた賃金を郷里に送金または持ち帰らせ家計を補充させねばならなかったのである。と同時に、彼らの送金・持帰金は輸入超過に悩むわが国の国際収支の改善にあてられる貴重な外貨であった。この二つの意味で移民には国家の保護が必要であった。一八九〇年代後半に「移民保護規則」「移民保護法」を制定し、移民の病気などに際しての救助と日本官庁の保護を謳ったのはそのためであった。そして、ハワイ官約移民もその後の私約移民も、しばしば外務省―出港地の知事―募集地の知事の認可をえ、募集の業務が府県・郡・市町村の地方官庁と結んで行なわれたのもそのためであった。

移民送出の卓越地

ハワイ官約移民は、三か年契約でハワイの甘蔗《かんしゃ》耕地または砂糖工場で労働に従事するものであった。いま府県別の送出人員を示せば表11のようである。この表によれば、西日本門徒地帯の中心をなしている広島・山口・熊本・福岡四県の移民が全移民のじつに九六・二パーセントに達している。児玉正昭『日本移民史研究序説』によれば、二六回の移民送出のうち一七回が上記四県のみの出身者によって占められており、ハワイ官約移民は西日本門徒地帯の四県民による出稼ぎ移民体制というのも過言ではない。

滋　賀	その他共計	上位4県の%
人 79	人 1,934	% 75.3
	877	100
2	1,446	97.9
	3,286	99.1
	4,072	100
	2,736	100
	6,723	98.8
	2,340	94.9
	4,146	100
	1,524	75.2
81	29,084	27,973人
% 0.3	% 100	% 96.2

また、一八九九年（明治三二）から一九二三年（大正一二）にいたる海外移民数の府県順位は表12のようである。これによると、ハワイ官約移民時代とは若干様相が異なり、沖縄・和歌山両県をはじめ他府県よりも多数海外に赴いている。しかし、伝統的な西日本門徒地帯の四県は上位四位を占め、総移民数に占める比率は四九・五パーセントで、

表11　ハワイ官約移民出身府県別表

年度・回数		広　島	山　口	熊　本	福　岡	新　潟	神奈川	千　葉
	回	人	人	人	人	人	人	人
1885年	1～2	612	420	276	149	37	226	8
86年	3	351	490	36				
87年	4	762	637	16	1			
88年	5～7	1,647	1,611					
89年	8～11	1,919	1,919	118	116			
90年	12～14	694	651	776	615			
91年	15～20	1,941	2,228	2,476				77
92年	21～22	1,021	703	494	2	99		
93年	23～25	1,578	1,271		1,297			
94年	26	597	494	55		378		
計		11,122	10,424	4,247	2,180	514	226	85
百分比		% 38.2	% 35.8	% 14.6	% 7.5	% 1.8	% 0.8	% 0.3

注　児玉正昭『日本移民史研究序説』による．

ほとんど日本全移民の半ばに近い情況にある。移民はこのように特定府県に集中し、地域的なかたよりをもっていた。

ハワイにおける真宗の開教

最初のハワイ官約移民が渡ってから四年たった一八八九年に、大分県の真宗僧曜日蒼竜がホノルルに渡って仮布教場を設け伝道している。その後も真宗僧が西日本門徒地帯から移民の後を追ってハワイに渡航し、非公式または半公式の伝道を行なっていたのである。一八九七年（明治三〇）本派本願寺派の公式開教が始まるが、それは「在来私設の布教場を本山附属に編入」して始まったのである。当時の模様を『布哇《ハワイ》開教史』は次のように記している。

移民会社、日本官憲等の嘲《あざけ》りて田舎者視したる耕地労働者は、実に弥陀救済の主賓たり正客たるものなり。真宗の開教使は直ちにこの教旨を提げて耕地に入り、夜陰労働の余暇に乗じ、館府に席を列ねて凡夫正機の本願を説きたり。奴隷の如く虐待駆使せられたる耕地同胞は、遠く故国を辞して幾年、始て自己が本願の正機、極楽浄土の主賓たる醍醐味《だいごみ》を味いたるなり。真に盲亀《もうき》の浮木に遭えると同じき感ありしなり。

ついでハワイ開教が成功した理由として次のようにいう。

然《し》かも本願寺開教の第一歩に於て、其《その》成功を資《たす》けし他の因あり。そは当地に渡航せる

表12　移民の府県順位
（1899～1923年）

順位	府　県	人　数	百分比
		人	%
1	広　島	79,316	20.0
2	熊　本	46,276	11.6
3	山　口	36,443	9.2
4	福　岡	34,832	8.8
5	沖　縄	32,541	8.2
6	和歌山	20,835	5.2
7	福　島	14,511	3.7
8	岡　山	14,495	3.6
9	長　崎	13,422	3.4
10	新　潟	11,905	3.0
11	滋　賀	10,492	2.6
12	鹿児島	8,159	2.1
13	北海道	5,829	1.5
14	福　井	4,751	1.2
15	静　岡	4,628	1.2
	その他共　計	397,322	100
	上位4県の計	196,867	49.5

注　『広島県史』近代1（児玉正昭作表）による．

同胞の多くは、広島県、山口県、熊本県、福岡県等、故国に於て真宗法義繁昌せる地方の出身者なること是なり。

くわえて「当地の経済的事情は内地に比して頗《すこぶ》る富有」であり、彼らの寄進奉仕によって、「開教二十有余年、八島を通じて一別院と三十三の布教場二十六の説教所を有し、凡《すべ》て経済的独立自給の基礎立ち、其教勢を発揚」することができたというのである。

こうしたうえに、本願寺教団は移民たちの信仰を掌握し、仏教青年会や英語夜学校を設けて日本人の地位向上をはかっていたのである。

移民多出の理由

さて、広島・山口・熊本・福岡四県の西日本門徒地帯が、統計上からみて移民の最多出地帯となっており、この地帯からの移民を基盤として本派本願寺派の開教が成功したことをみてきたが、それでは西日本門徒地帯のどのような点が、移民最多出地帯となったのか、管轄官庁の史料からみよう。

一八九〇年、外務省通商局次長東条一郎は、官約移民を送る窓口となっている神奈川県知事浅田徳則に書簡を送り、ハワイに出稼ぎするものは、「近年に至りては広島・山口・熊本及福岡人に限りたるものの如く、……同国は殆ん《（ママ）》ど右四県人専有の稼業地とも申すべき」事情であるが、その理由はどうしてかと質問している。これに対し浅田知事は次の点をあげて答えている。

(イ)実際ハワイ移民は四県人に限ったようになっているが、しかし第一回から三回までは各府県（三府二八県）より募集した。しかし、これらは移民が始ったばかりで撰択が不十分であり、雇主から苦情がでたものもある。

(ロ)そのなかで広島・山口県人のみは「能く労働し雇主の気受も宜《よろ》しく、遂に雇主等は争て右両県人を希望」するようになった。また両県人はハワイでの労働と給金の事情が良いと郷里に知らせるので、両県では移民希望者が増加している。

(ハ)また熊本・福岡県でも移民希望者が増加しているので第八回よりは渡航させている。

(ニ)移民は上記四県人に限るわけではないが、「各府県より少数ずつ取集」めては雇主の好評をうることはできない。これに対し、一地方から多数集めると「同郷にて平素親睦の間柄」であり、諸事好都合である。またハワイの日本特派員も一地方から多数採用しがちである。

上にみた浅田知事の答えをどこまで信用できるか、検討してみよう。一八八六年、在ハワイ総領事安藤太郎は、外務省に「布哇糖業報告第一」を送っている。この報告書では以下のようなことが語られる。

(イ)山口・広島・福岡・熊本四県の移民をみたが、山口・広島二県の労働者が、福岡・熊本両県の労働者に対し、勤勉の点でやや上かもしれない。彼らは、家屋や衣服を綺麗にする潔癖さをもつが、それは勤勉さを現わすものといえよう。(ロ)博奕は各耕地とも行なわれている。熊本・福岡県の移民は勉強と節倹のうえで山口・広島県の移民に劣るが、概して純粋の農夫出身で博奕の件を除けば就業上で雇主から苦情のでることはない。(ハ)移民の中で怠惰《たいだ》放縦《ほうじゅう》として嫌われる者は千葉・東京・神奈川など都会に近い所の出身者である。これらは第一回移民で選択が疎漏であったためである。この移民たちは旧職業も新聞記者・演舌家・剣客・兵士などで就業上の苦情が絶えない。(ニ)だからハワイの糖業移民は僻村の純農で、白米は一年のうち祝祭の日以外食べないような者がよく、これらの者ならば、甘蔗農場の仕事も決して難事ではない。

ついで安藤総領事は「第二回耕地巡廻報告」を呈出し、そのなかで、とくに山口・広島両県移民は最も精勤で理義を解し、敏捷で雇主の歓心をえ、パウイロの耕地では監視者《ルーナ》を廃して就業させ双方が便をえているという。

また、一八八七年ハワイ国弁理公使兼移住事務局特派委員R・W・アーウインは、官約移民を送り出す窓口である神奈川県知事に書簡を送り、第四回移民一三七五人の募集につき、「山口県および広島両県下より精選募集し渡航せしむる様本国政府より申来候」としている。

以上の検討から、移民の送出は歴史的に複雑な諸要因によって成立するものであるが、しかし移民の質的、とくに精神的要素の優劣が重要な要因となっている点をみることができる。そして西日本門徒地帯の上記四県が官約移民の独占的地帯となっているが、それはこれらの地域が「真宗法義繁昌せる地方」であり、そこから移民として送出される真宗門徒が熱心な信仰と勤勉や節倹などの禁欲的なエートスをもっていることが、その精神的基礎となっていたといえよう。

移民における形而上的要素

以上みたことは、その後の欧米勢力圏への移民送出の要因にも通ずることで、官約移民を独占した四県が表12でみたようにその後の移民においても半数近くを占める理由でもある。

一八九九年（明治三二）、室田義文在ペルー弁理公使は、青木周蔵外相に第一回ペルー移民の状況報告をし、そのなかで「第一回移民の評判如何《いかん》は、同国は勿論将来南米諸邦に於ける我事業上にまで影響を及すを以《もっ》て、特に移民の撰抜に意を用い、渡航者中賭博《とばく》又は遊惰漢《ゆうだかん》の混入せざる様当局者の注意は最も肝要なり」とのべる。また、一九〇三年（明治三六）成田五郎在マニラ副領事は、小村寿太郎外相にベンゲット移民（マニラから避暑地バギオに通ずる道路建設にあたる移民）の引受につき次のようにいう。

今回の移民輸送に関しては、身体強壮体力剛健にして熱帯地方に於ける労働に堪ゆるを得べきは勿論のこと、啻《ただ》に形而下《けいじか》の適否を問うのみならず、進んで心情・品性・操行及勤勉力に於ても、此種異人種と拮抗《きっこう》対峙して優勝の褒誉《ほうよ》を得、又我国労働者の模範として誇示し得べき恰好《かっこう》善良なる労働者を精撰抜擢《ばってき》するを要する義にこれあり候。

ペルー移民とベンゲット移民についての二つの上申書には表現の差はあるが、ともに移民の「形而下（物理的）の適否を問うのみならず」形而上（精神的）の適否を問題としているといえよう。そして成田副領事は、移民の出発にさきだち「就業上の心得及行状に就き一片の訓戒を加うる」ことの必要性を次のようにいう。

曩《さき》に布哇《ハワイ》出稼移民に対し、広島県知事より一人毎に総振仮名付き諭告書を下附したることありしが、該移民出稼地到着後の実況に徴すれば該諭告書は較著《こうちょ》なる効験を発生したりしを以て、……当移民に対し各移民所管官庁より右様の諭告書を下附相成候様致度候。

成田副領事が注目した広島県知事の諭告書とは、一八九三年（明治二六）広島県知事鍋島幹の発した次の諭告書であろう。

この諭告書は前文において、ハワイ国への出稼ぎは「金銭《かね》を儲蓄《まうけ》し他日《たじつ》故郷《ふるさと》に帰《かえ》り安楽《らく》に世《よ》を渡《わた》らん」ためであるとし、そのためには「品行《おこない》を方正《たゞしく》に身体《からだ》を健康《まめ》に」することを要請する。そして出稼ぎ者の注意事項を掲げるのであるが、さらに、これらを心に銘じ「能《よ》く三年《さんねん》の労働《はたらき》を為《な》し富《かね》を致《もち》し解約《やくそくずみ》の期至《ときいた》らば必《かなら》ず速《はやく》に郷里《くにもと》に帰《かえ》るべし、行《ゆ》け各自愛《みなようじん》せよ」という。注意事項は次のようである。


一日本帝国《にっぽんていこく》の臣民《たみ》たる事《こと》を忘《わす》れず、耻《はぢ》を海外《よそくに》に貽《のこ》す可《べか》らず。

一雇主《やとひぬし》に対《たい》しては常《つね》に契約《やくそく》を守《まも》り信実《まこと》を以《もっ》て仕《つか》うべし、苟《かりそめ》も浮薄《ふつつか》の行為《おこない》ある可《べか》らず。

一同業者中《なかまうち》は親子兄弟《おやこけうだい》と心得《こゝろえ》相扶《あいたすけ》持し決《きっと》して諠譁《けんか》等《など》を為《な》す可《べか》らず。

一賭博《ばくち》は布哇国《はわいこく》に於《おい》ても禁制《はっと》なれば決《きっと》して之《これ》を為《な》す可《べか》らず。

一飲酒《さけ》は精神《こゝろ》を弛《ゆる》め稼業《かせぎ》を怠《おこた》り悪事《あくじ》を誘引《みちびき》するの基《もとい》なれば、慎《つゝしみ》で之《こ》れを用《もち》う可《べか》らず。

一金銭《かね》は常《つね》に大切《たいせつ》に取扱《とりあつか》い去《そ》の預入《あづけいれ》又《また》は郷里《くにもと》へ送方等総《おくりかたなどすべ》て監督官《かんとくくわん》に尋《たづ》ね合《あわ》せ其《そ》の指揮《さしづ》に従《したが》うべし、決《きつと》して軽忽《かろ〳〵しく》に為《な》す可《べか》らず。


ここに示される、帝国臣民としての心得、信実、相互扶助、賭博の禁止、飲酒の慎み、金銭の取扱いなどはいわゆる通俗道徳の諸徳目である。そしてその大部分が多少の言廻し上の差異はあれ、移民自身の多くが郷里で、真宗門徒として説教を通して聞き、小寄講や若衆講の話題として話合っていたことで、彼らはこれを日常的に実践し、その徳目が血や肉となりエートスと化しているものである。鍋島知事はただ安芸門徒の諸徳目から宗教性を削って示したに過ぎないといえよう。それ故に、成田副領事は「該諭告書は較著なる効験を発生したり」と認識したのであるが、事の真相はむしろその背後にある真宗門徒の永年にわたる信仰とエートスの堆積、したがってほとんど気風・気質とまでなった真宗篤信地帯の精神的風土こそを注目する必要があるといえよう。

一九二五年現在、本籍人口の三〇㌫にあたる一一七〇人を海外移民として送出している広島県佐伯郡地御前村では、移民による送金・持帰金によって「荒屋は次第に瓦葺の堂々たるものとなり、〔他村民に渡っていた〕田地は競争的に買収され」たとする。そしていう。

間口一里七町、奥行三十町に足らない狭少の地、しかも人口は数千人、本村民は地理的にどうしても勤勉ならざるを得ない。殺到的に渡航したのもこの為め、又彼の地に於ける働き振の極めて着実真摯《しんし》なりしも環境の深き感化であった。だからたとえ巨万の資を擁して帰っても昔を忘れない。依然として孜々《しし》汲々家業に精励して居る。まことに一握一痕苦辛の跡を思えばである。服装の如きも甚だ質素で徒《いたずら》に外貌を衒《てら》うようなことはない。

ここに示される海外での「着実真摯」な労働と「巨万の資」を携えての帰郷後も「孜々汲々家業に精励」する姿勢は、基本的には真宗門徒のエートスによるものであろう。まことに、「本郡は、……真宗の隆盛なる所なれば人心之れが為めに支配せられ、風俗人情の上に及ぼす所の影響蓋《けだ》し大なるものあり」と、『佐伯郡誌』（一九一八年刊）が記すとおりである。

こうして、西日本門徒地帯がわが国移民の最多出地帯となった理由は、(イ)堕胎・間引きの忌避による人口増加、(ロ)この相対的過剰人口を就労させうる地域産業の欠けていたこと、(ハ)真宗門徒の信仰よりもたらされる禁欲的な倫理・エートスなどが加わった結果といえよう。とくに、移民の精神的資質の優秀性が内と外からの好評を生み、移民自体の質と量との相乗作用が成立したものということができよう。

宗教社会史の構想——むすびにかえて

「宗教社会史」の提唱

わたくしは、ある宗教（宗派）の教義が信者の精神と肉体を通して社会的・経済的活動として具体化することを、「宗教の経済的社会化」と呼び、その解明を歴史学の研究対象とする場合を「宗教社会史」と呼んでいる。その場合、「宗教の経済的社会化」の順序（序列）は、教義—信仰—倫理—エートス—社会・経済活動としてあらわれるであろう。

わたくしが本書の対象としてきた真宗の場合、「宗教の経済的社会化」は真宗の教団が教える教義とともに、真宗門徒におけるさまざまな民俗的諸行事などがもつ広い意味での教義的要素からも展開される。したがって、歴史学だけでなく社会学や民俗学の方法をもあわせて広く資料を集めて検討しなければならない。その際、歴史学としての宗教社会史が成立するためには厳密な因果関係の確定が必要である。真宗門徒は人口増加をまねいたとか、あるいは真宗門徒は出稼ぎ・賃労働者・移民などとして大量にで、質的にも高いといっても、それが「大風が吹けば桶屋が儲《もうか》る」式の論法では歴史学とはならない。しかも上記のように広範な資料を集めるといっても問題は民衆の「精神」に関することであり、これらの資料は、事柄の性質上いずれも断片的であることをまぬがれない。しかし、断片的な資料ながらも、上記の「順序」（序列）のどの段階に属することであるか、正しく整理し前後のつながりに即して因果関係を検出することにつとめ、宗教の経済的社会化の過程と実態を明らかにしなければならない。「宗教の経済的社会化」の順序（序列）は、また宗教社会史を成立させるに必要な因果関係を検出する順序（序列）でもある。

「宗教社会史」の方法

ここで宗教社会史の方法につき、二、三のコメントをしておきたい。

その一は、宗教社会史は民衆の活動を政治的要因や経済的要因を無視して、宗教（思想）的要因からのみとく、宗教一元論や宗教史観ではないということである。従来、ややもすれば政治的要因や経済的要因からのみ民衆の行動がとかれていたのに対し、考慮されることの少なかった思想や宗教的要因を当面重要視するのである。そしてそこからえられる歴史像に、必要な場合は、政治的要因や経済的要因よりみた歴史像と重ね合せて再構成し、歴史の具体像の構成に役立てればよいのである。人口の問題にしても、自然的条件をふくめた経済的要因が重要であることを否定するものではない。しかしにもかかわらず、民衆が生活の困窮に直面したとき、間引きするかしないかに、あるいは間引きの風習が形成されているかいないかに、信仰やエートスが大きく関係していることを認めたいのである。

その二は、宗教社会史は宗教と民衆の社会的・経済的活動との間に、あるいは宗教と階層性（職業や身分など）との間に、親和性があるかないかを問題とする学問である。特定の宗教と民衆の行動あるいは階層性などが、必然の関係でなく、ただ相性が良い、結びつきやすいというほどのことを問題とする学問である。真宗門徒の場合でいえば、真宗門徒は必ず出稼ぎに行くとか、あらゆる出稼ぎは真宗門徒であるとか、などというのではない。門徒は人口増加を招来しやすく、かつ勤勉であるなどによってしばしば出稼ぎ的経済活動につき、かつその成績もよいということである。

その三は、宗教社会史は宗教を研究するが、宗教を信仰の対象としてでなく学問の対象として研究するのである。したがって、宗教史を教学の一環として研究している人々とは自ずから立場が異なってくる。一般に、多くの新しい思想や学問が、しばしば旧い思想や学問の読み替えを通して成立している。かの親鸞の思想そのものが浄土教思想の大胆な読み替えを通して成立しているのである。わたくしのいう宗教社会史の場合も、真宗の理解や主張を大胆に読み替える必要がある。一九五三年にでた『真宗史概説』というこの方面の古典的書物に、近江商人の活動をみたあと、「仏恩報謝の行為として職業において自利利他を実現しようとした真宗門徒は、必ずしも近江商人に尽きるのではないが、庶民の中に散在するばかりで顕著な集団現象とならなかったのである」と書いている。職業に精進する真宗門徒は「散在」でなく「顕著な集団現象」をなしていたのであるが、それを理論と実証の相互関連のなかに掘り起す方法をもっていなかったにすぎない。何故か。それは真宗理論＝教義の読み替えができなかった、あるいはしなかったからであり、真宗における絶対他力の理念を超歴史的に信奉し、歴史の現実から目をそむけていたからである。

わたくしは、真宗を一宗派のためにみるのでなく、学問（宗教学あるいは宗教社会学）の対象としてみる。そして鈴木大拙の業績に導かれながら、近世真宗を他力と自力の独自の統合物としてとらえる。近世真宗に自力的要素があるから禁欲が成立し、そこから独自な「禁欲のエートス」が形成される。このように理解するとき、「顕著な集団現象」をなす真宗門徒のあの莫大な人間的・社会的エネルギーの検出もはじめて可能なのである。

真宗の通俗道徳

わたくしは、M・ウェーバーの（歴史）宗教社会学に学びながら真宗の宗教社会史を考えてきた。宗教社会史といい換えたのは、一つにはわたくしが社会学研究者でなく歴史学研究者であることである。そして二つには、ウェーバーの場合、理論的にはともかく研究の具体的な面では、かの『プロテスタンティズムの倫理と資本主義の精神』が典型的にそうであるように、信者の精神を研究対象としているのに対し、わたくしは戦後の発達した地方史研究に依拠して、宗教と信者の精神にとどまらず、宗教と社会経済史との関連を具体的に研究したいと思ったからである。

その際わたくしは、ウェーバーの宗教社会学から学びつつも、真宗を対象とし日本近世・近代史に具体的に適用する際に、安丸良夫の「通俗道徳論」（『日本の近代化と民衆思想』）を媒介的な概念として借用した。

ただここで一言付け加えたいことは、安丸良夫のとく通俗道徳においては、民衆における生活態度の合理化を進める側面と、経済的敗者が即道徳的敗者と観念されるような虚偽意識の側面との、二つの性格をみいだしている。しかし真宗の通俗道徳には後者＝虚偽意識の側面が薄いのではないか（無いのではなく）ということである。それは真宗の下層農民などが出稼ぎなどで非常に困難な仕事に従事していても明るさをもち、「飲んだくれ、喧嘩、博奕」などの自暴自棄的な行為の少ないことからそのように考えるのである。

日本の産業革命期に、筑豊の炭坑労働者が地下深くで掘った石炭を、スラという竹籠に入れて運ぶさまを「親の因果か　不幸の罰か　長い街道《かいどう》で　スラを曳く」と唄い、スラを曳く姿を「センチン虫や尾を曳く」といって、己の姿と同列視する。あるいは紡績工女が、「紡績職工が人間ならば電信柱に花が咲く」というように自虐性を示しているが、真宗門徒にはこうした点が比較的少ないように思われる。広島・山口両県出身のハワイ移民が「退屈な仕事でしかも手が荒る」甘蔗畑の作業にしたがい、「仕事が辛いのでみな涙を流して」「ホレホレ（サトウキビの葉の意）節」を歌い労働に耐えたといわれ、野麦峠を越えた富山県の製糸女工が「工場のこと、食事のこと、男女のこと、何でも歌（盆踊の歌）にしてしもうて歌ったもんじゃ」といわれるように（浦田正吉『近代地方下層社会の研究』）、口説き調の歌を作り仲間とともに歌って苦しい労働に耐えていたのである。また、富山県の『入善町誌』に、「働き者の越中さんは、……人のいやがる仕事や重労働にもよく堪え忍んだ。すなわち、下級労働に向いたので、とても重宝がられた」というような性格をもっていたのである。

真宗門徒は、現世の貧富を前世からの因縁と考え、今は仮令《たとえ》貧しくとも、大事なことは弥陀を信じて現世の一日一日を実躰《じってい》に働くこと、そうすれば弥陀のお救いに預かれると感念していたのではないか。そこに経済的敗者＝道徳的敗者と感ずるような虚偽意識から解放され、貧しい人々が非常に真面目に働く論理があるのではないかと思われる。この点、安丸良夫が提示した通俗道徳が現世の枠のなかで完結しているのに対し、真宗門徒の通俗道徳が「彼岸性」に包摂されていることからくる差異のように思われる。わたくしは、日本近代化の精神的基礎をなした民衆の通俗道徳に、大きく分けて二つの類型があるのではないかと思っている。

残された課題

本書によって、禁欲のエートスをもつ真宗門徒の行動を通し、宗教と社会経済史の関係を具体的にみるとともに、彼らの行動と行動様式が日本の近代化のなかにはたした役割をもみてきたつもりである。

しかし日本の近代化の精神的基礎は、真宗門徒に限らず程度の差はあれ日本の民衆全体における合理的精神の展開の上に成立したものであることは間違いない。とすればわたくしの次の課題は、真宗門徒以外の民衆の合理性獲得の過程とその実態を、大胆な類型化によって解明することに向かわねばならない。

あとがき

この本は、宗教史と社会経済史を結合させ、歴史学の新しい方法論をつくろうとしたもので、それを浄土真宗を対象として具体的に展開したものである。その結果、新しい史実とその史的な意義として、日本の近代化のなかで真宗地帯の人々のはたした役割を明らかにしえたとおもう。

わたくしは、一九九五年に『真宗の宗教社会史』（吉川弘文館）を出版した。本書は前書の内容にくわえ、さらにその後に、わたくしが調査し考えてきたことをもふくめて、平易に書くつもりであったが、紙数を大幅に越えるため、結果として前書のほとんどダイジェスト版に近いものとなってしまった。また、本書は実に多くの真宗地帯の地方史誌類や真宗文献などから史料をえているが、その典拠を一々あげることは余りにも多く省略させていただき、個人名の著書・論文に限り最低限の出典を示すにとどめた。これらの点をおわびするとともに、出典などの詳細について必要の場合は前書をご参照していただきたい。

なお、史料の引用に際しては、読下し文に書きかえ、難解な漢字はかな書きに、歴史的かなづかいを現代かなづかいに、片かなを平がなに、それぞれ改めて示した。

最後に、本書の出版にあたり、吉川弘文館の上野久子さんにいろいろとお世話になった。厚くお礼を申しあげる。

一九九七年九月

有元正雄

著者紹介

一九三〇年、岡山県生まれ
一九五三年、広島文理科大学史学科卒業
現在広島経済大学教授・広島大学名誉教授・
文学博士

主要著書
地租改正と農民闘争　明治期地方啓蒙思想家の研究（共著）　真宗の宗教社会史

歴史文化ライブラリー
30

宗教社会史の構想
真宗門徒の信仰と生活

一九九七年一二月一日　第一刷発行

著　者　有《あり》元《もと》正《まさ》雄《お》
発行者　吉川圭三
発行所　株式会社　吉川弘文館
東京都文京区本郷七丁目二番八号
郵便番号一一三
電話〇三―三八一三―九一五一〈代表〉
振替口座〇〇一〇〇―五―二四四
印刷＝平文社　製本＝ナショナル製本
装幀＝山崎　登（日本デザインセンター）

歴史文化ライブラリー

1996.10

刊行のことば

現今の日本および国際社会は、さまざまな面で大変動の時代を迎えておりますが、近づきつつある二十一世紀は人類史の到達点として、物質的な繁栄のみならず文化や自然・社会環境を謳歌できる平和な社会でなければなりません。しかしながら高度成長・技術革新にともなう急激な変貌は「自己本位な刹那主義」の風潮を生みだし、先人が築いてきた歴史や文化に学ぶ余裕もなく、いまだ明るい人類の将来が展望できていないようにも見えます。このような状況を踏まえ、よりよい二十一世紀社会を築くために、人類誕生から現在に至る「人類の遺産・教訓」としてのあらゆる分野の歴史と文化を「歴史文化ライブラリー」として刊行することといたしました。

小社は、安政四年(一八五七)の創業以来、一貫して歴史学を中心とした専門出版社として書籍を刊行しつづけてまいりました。その経験を生かし、学問成果にもとづいた本叢書を刊行し社会的要請に応えて行きたいと考えております。

現代は、マスメディアが発達した高度情報化社会といわれますが、私どもはあくまでも活字を主体とした出版こそ、ものの本質を考える基礎と信じ、本叢書をとおして社会に訴えてまいりたいと思います。これから生まれでる一冊一冊が、それぞれの読者を知的冒険の旅へと誘い、希望に満ちた人類の未来を構築する糧となれば幸いです。

吉川弘文館

〈オンデマンド版〉
宗教社会史の構想
真宗門徒の信仰と生活

歴史文化ライブラリー
30

2017年（平成29）10月1日　発行

著　者　有《あり》元《もと》正《まさ》雄《お》
発行者　吉川道郎
発行所　株式会社　吉川弘文館
〒113-0033　東京都文京区本郷7丁目2番8号
TEL　03-3813-9151〈代表〉
URL　http://www.yoshikawa-k.co.jp/

印刷・製本　大日本印刷株式会社
装　幀　清水良洋・宮崎萌美

有元正雄（1930～）

ISBN978-4-642-75430-9